公務員の
議会答弁
言いかえフレーズ

森下 寿

学陽書房

はじめに

「今の答弁は、問題だ！」

委員会室に響き渡る議員の声。発言した議員以外の議員も、一斉にこちらを見ます。そればかりか、私の前に座っている首長をはじめとした上層部も振り返って、私を睨んでいます。「ああ、何て答弁をしてしまったんだ……」と後悔しても、時すでに遅しです。

これは、自分が課長に昇任したばかりの頃に、実際に経験したことです。これまで議会事務局職員として、多くの管理職の答弁を見てきたのに、課長昇任早々に失敗をしてしまったのです。実際に答弁することの難しさをこれほど感じたときは、ありませんでした。

この答弁の失敗に限らず、自治体の管理職として、多くの議員と様々なやりとりをしてきました。もちろん失敗したことも、上手くいったこともありました。こうした経験をもとに、「どうしたら、議員に上手く伝えられるか」をまとめたのが本書です。本書の特長は、次の三点です。

①絶対に言ってはいけない答弁がわかる

答弁には、「それを言ってはいけない」という禁句が存在します。しかし、慣れていない管理職は、思わず口走ってしまうのです。これは、多くの新任管理職に見られる傾向です。しかし、これらの禁句をあらかじめ知っておけば、無用なトラブルは避けられます。

②どのように伝えればよいかがわかる

議員の要求に応えられず、断らなければいけないことがあります。しかし、その断り方（フレーズ）によって、快く納得してもらえることも、反対に怒りを買ってしまうこともあります。まさに言い方ひとつが、事の正否を大きく分ける事例を数多く紹介しています。

③議員への接し方がわかる

自治体の管理職にとって大事なことは、議員と本音で話せる良好な関係を構築することです。極度に議員を恐れたり、対立したりしては、結果的に住民の利益を損ねてしまいます。答弁のための取材などを通して、いかに議員との関係を築いていくのかについても解説しています。

前著『どんな場面も切り抜ける！　公務員の議会答弁術』は、おかげ様で刷を重ねるとともに、「初めての議会はこれで自信を持って臨むことができた」などのありがたい感想も頂戴しました。また、国会答弁にも通じるものがあるとして、朝日新聞でも取り上げていただきました。こうした反響を知り、改めて多くの人が議会答弁に関心があることを痛感しました。

日々、議会対応に努力されている皆さんにとって、本書が少しでもお役に立てば幸いです。

森下　寿

第1章 本会議・委員会での答弁編

第2章 質問に伴う議員への取材編

第3章

議員個人への対応編

第1章

本会議・委員会での答弁編

1
予算化できなかったことを追及されたとき

×

財政課に予算を切られました

←

○

総合的に判断して見送りました

ここがポイント！

予算案はあくまで行政が一体となり提案するもの。本音は言外に匂わす程度に。

新年度の予算案を審議する予算委員会では、議会と行政との間で激しい議論が交わされます。その中でよく見られる場面の一つが、議会側が再三予算要求をしてきた事業にもかかわらず、予算案に計上されておらず、執行部側を追及するという状況です。

こうしたとき、答えに窮して思わず口にしてしまいそうになるのが、「財政課に予算を切られました」というフレーズです。「自分は担当課長として、議会側の要望も踏まえて財政当局に予算要求したのだが、結果的に査定で切られてしまった。**やることはやったけれど、財政課が予算化してくれなかったのだ」――。そんな思いから、ついこのような答弁をしてしまうのです。**

しかし、これは役所全体から見れば×の答弁です。なぜなら、予算案はあくまで行政が一体となり、議会に提案するものだからです。

このため、「総合的に判断して見送りました」または「全庁的な判断として見送りました」が適切な言い方です。**これだけで、「担当としては予算要求したのですが、予算案に盛り込まれなかったのです」ということを議会側は察してくれます。**予算案を決めるまでのプロセスは理解しているので、「これは財政当局か、もしくは首長などの上層部が判断したのだな」とわかるのです。

ちなみに、×の言い方では財政課の責任にしてしまうので、当然、財政課はいい気持ちがしません。「財政課を悪者扱いにするのか！」と考えてしまいます。そうすると、次年度の予算査定で報復されるとか、されないとか……。

2

組織の拡充ができなかったことを追及されたとき

×

人事課に人員を切られました

←

○

現在の職員体制で一生懸命に対応していきます

ここがポイント！

組織の拡充は、全庁的な判断で決定するもの。人事課の責任にしてはいけない。

新年度の予算案同様、予算委員会では、新年度の人員（定数）や組織も重要なテーマの一つですが、議会がこのテーマを取り上げる場合、与党と野党ではスタンスが異なります。

例えば、与党の場合は、常任委員会や決算委員会などで「組織や人員を拡充して、子育て支援事業を充実させてほしい」などと、**行政を応援する意味で、要望することがあります。**そして、新年度予算案を審議する予算委員会の時期には、新年度の人員体制も判明します。もし、組織や人員の拡充が図られていなければ、議会側も当然そのことを知っているわけです。

そのため、「なぜ、人員を拡充しなかったのか」と行政側を追及することがあります。管理職は、つい「人員要求したのですが、人事課に人員を切られました」と答弁してしまうことがありますが、これも予算案同様、おかしなことです。人員も、最終的には全庁的な判断だからです。

このため、担当課長としては「現在の職員体制で一生懸命に対応していきます」と答弁するのが正解です。そうすると、議会側に**「担当課の判断でなく、人事課が査定した結果なのだな」と理解してもらえます。**もし×の言い方をしてしまうと、後日、やはり人事課も報復してくるとか、しないとか……。

ちなみに、野党の場合は、職員団体と連携し、常に行政に対して職員の増員を求めてきます。与党とは異なり、職員団体の視点から、「なぜ増員しないのか」と質問してきますが、やはり「現在の職員体制で一生懸命に対応していきます」と同様の答弁でかまいません。

3 実施する可能性のあることを提案されたとき

×
実施するかどうかわかりません

←

○
今後、検討します

ここがポイント！

実現の可能性を考え、いずれ実現するかしないかを明確にする提案に対して用いる。

「実施するかどうかわかりません」は、あまりに直接的な表現です。実際に、今後本当に実施するかどうかは不明なのだとしても、それを正直に答える必要はありません。単に「検討します」で行政側の意図は十分伝わります。

本会議や委員会の答弁で、おそらく最頻出のフレーズが、この「検討します」でしょう。

このフレーズを用いる場合、行政としては**「実施する可能性はあるので、今後その可能性について考えます。ただし、検討の結果、実施しないこともあります」**という意味を込めています。

このため、全く実施するつもりがないものや、実施の可能性が極めて低いものに用いることはありません。そうした提案にもかかわらず、委員会などで、担当課長が安易に「検討します」などと答弁すれば、首脳部から注意されかねないでしょう。

議員の立場から考えると、「検討します」という答弁を引き出したことは、自分の提案が検討対象になることを意味するので、一定の成果を得たことになります。このため、「前定例会の委員会で、『検討する』との答弁があったが、その後はどうなったのか」など、後日、行政に対して検討状況を質問することも当然あります。

行政としては、「検討する」と答弁した以上、何かしら答える必要があります。もちろん、「まだ検討を続けております」との答弁でもかまわないのですが、長い間、態度を保留することはできません。**できるだけ早い時期に、実施するのかしないのかを明確にする必要があります。**

4

当面は実施予定のないことを提案されたとき

×

今後、実施するかどうかわかりません

←

○

今後、研究してまいります

ここがポイント！

提案を拒絶するわけでもなく、すぐに実施するわけでもない場合に用いる。

議員から行政に対しては、さまざまな提案がされます。公式な場である本会議や委員会では、そうした提案について行政としての態度を表明しなければなりません。もちろん、「実施します」と答弁できればよいのですが、そのような機会は多くありません。

実際には、すぐに実施しないことを表明する場面が多いのですが、その言い方にもいろいろなニュアンスや言外の意味があります。そのため、その言葉の使い分けが重要になってくるわけです。簡単に言ってしまえば、**「どのような表現で、断るのか」が行政だけでなく、質問した議員にとっても重要**ということです。

さて、その代表的な事例は、当面実施する予定はないことを提案されたときです。このときの行政の本音としては、**「今後、実施するかもしれないし、実施しないかもしれない。現段階ではわかりません」**というところです。しかし、だからといって「今後、実施するかどうかわかりません」では、あまりに直接的な表現になってしまい、答弁を聞いた議員も困ってしまいます。

そのため、「今後、研究してまいります」もしくは「今後、調査研究してまいります」が妥当です。**あくまで「研究」なので、提案を一蹴するわけでもなく、すぐに実施するわけでもありません。長期的な課題と位置づけ、実施するのかしないのか、態度を保留するということです。**このため、次回の本会議や委員会で同じことを聞かれても、「引き続き、研究しております」とかわすことが可能になります。

5 実施するつもりが全くないことを提案されたとき

×

実施するつもりはありません

←

○

それも考え方の一つと認識しております

ここがポイント！

提案を正面から明確に否定せず、やんわりと断る。

議員からの提案を断ることも、行政としては当然あります。しかし、**直接的に「実施するつもりはありません」と答弁してしまうと、質問した議員の立場がなくなってしまいます。**このため、基本的に「実施するつもりはありません」との答弁はNGです。

このように、提案を断るときは、「それも考え方の一つと認識しております」と答えるのがよいでしょう。正面から明確に否定するわけではないものの、かといって行政として実施するつもりもないわけです。このため、あくまで「いろいろな考え方の一つにすぎない」ということを示して、やんわりと断るのです。このように答弁すると、**議員も提案をかわされたことは認識しますので、それ以上、「実施するのか、しないのか」と追及してくることはなくなります。**

また、この答弁であれば、後日、状況が変わって実施することになっても問題ありません。「実施することといたしました」とすればいいわけです。

ちなみに、例外的に「実施するつもりはありません」と答弁してもよい場合があります。それは、首長と立場が異なる野党議員からの提案の場合です。このときは、強く否定することが重要ですから、「それも考え方の一つと認識しております」などと答弁すると、首長等の幹部から「そんな甘い答弁ではダメだ」と、かえって苦言を呈されることもあるのです。

野党議員だけでなく、どの会派にも属さない議員に対しても同様の答弁をする場合があります。このように**「どのような表現で答弁するか」は議員の立場によって異なるので、注意が必要です。**

6 すぐに実施できないことを提案されたとき

×

時期尚早です

↓

○

現段階では課題があると認識しております

ここがポイント！

すぐに実現が困難ならば、その具体的な課題について説明する。

議員からの提案に対して、実現可能性は認められるものの、行政としては、今すぐに実施する状況にはないということがあります。

例えば、「高齢者の保健事業と介護予防の一体的な実施」という施策があります。これは、七十五歳以上の高齢者に対する保健事業を、介護保険の地域支援事業等と一体的に実施することにより、フレイル（虚弱）対策を推進しようとするものです。国は、令和六年度までには、全市町村において取組みが実施されることを目標にしています。

すでに国で決めた内容ですから、議員は「少しでも早く実現すべき」と考え、行政に対して早期の実施を求めます。しかし、実施にあたっては医療専門職の配置などの課題があり、すぐに実現することは決して容易ではありません。そこで、議員から提案があった場合には、「現段階では課題があると認識しております」という答弁を行うわけです。

これを、単に「時期尚早です」と答弁されても、議員は納得できません。**「それならば、いつ実現できるのか」「すでに決まったことなのに、なぜできないのか」と考えてしまう**からです。

あくまで「現段階では課題がある」として、その具体的な課題について説明するとともに、実施時期についても言及する必要があります。

これは、**明確な期限がない場合にも当てはまります。**例えば、あくまで市町村の努力義務とされている計画策定などの場合でも、実現困難な課題について説明する必要があります。

7 他自治体で実施している事業の実施を求められたとき

×

本市での実現は無理です

↓

○

他市の動向を注視してまいります

ここがポイント！

すぐに実現の可否を表明せず、長期的な視点で考える。

議員は、「自分が質問したことによって、政策が実現した」となれば、実績としてアピールできるので、本会議や委員会の質問を通じて、行政に対してさまざまな提案をします。**その質問で使うために集める代表的な材料の一つが「先進自治体の事業」です。**

新聞やテレビで紹介されたり、地方自治専門誌に掲載されたり、インターネットで評判になっていたり。こうした先進自治体が行う事業は、多くの議員が注目しています。議員本人が現地を視察して、担当者から直接説明を聞くことも少なくありません。そのため、**「○○市で実施している事業について、本市でも行ったらどうか」**という質問はよく出されます。

もちろん、すぐに実現できればよいのですが、実際には人口、財政、費用対効果などを勘案すると、実現が困難な場合も少なくありません。そのため、さまざまな課題を挙げて「本市での実現は無理です」と答弁してしまいがちです。しかし、質問した議員からすると、「では、その課題さえ克服すれば、うちの市でも実現できるのだな」と思ってしまいます。

こうしたときに望ましい答弁の一つが「他市の動向を注視してまいります」です。これによって、時間を置くことを表明できます。**一時的に脚光を浴びた事業だとしても、それは短期的な評価であって、長期的に見て本当に妥当なのかが判断できない**からです。実際に実現するにしても、本当に本市にとっても効果的なのか、さまざまな視点から検証することが必要です。

このため、**「先進事例は、すぐに実現の可否を表明しない」**ほうが無難なのです。

8 優先度の低い事業を提案されたとき

×

その事業よりも、他にやるべき事業があります

←

○

財政状況が厳しい中、実施は困難です

ここがポイント！

財政状況が厳しい中では実現困難なことを答弁することで、優先度が低いことを示す。

議員からの提案に対して、「確かに趣旨は理解できるが、市全体で考えると実施するのは難しい面がある」「その提案内容よりも、他にやるべき事業がある」などという場合があります。つまり、優先度が低いと思われる事業が提案されたときです。

このようなとき、「その事業よりも、他にやるべき事業があります」と本音を答弁してしまうのはNGです。なぜなら、**議員に対して「あなたの提案は、優先度が低いものです」と言っていることになってしまう**からです。これでは、（優先度が低いことは、確かに事実なのですが）質問した議員も良い気持ちはしないでしょう。

答弁としては、「財政状況の厳しい中、実施は困難です」がOKな言い方です。これは、「財政状況が厳しくて実施は困難」→「財政の余裕があれば実施は可能」→「提案は財政が厳しい中でやるべきものではない」→「提案の優先度は低い」ということを、結果的に示しているからです。

もしかしたら、「それでは、財政状況が良くなれば、実施しなくてはいけないのか」と考える方もいるかもしれません。しかし、**自治体が自ら「現在の市の財政状況は、とても良好です」と言うことはまずありません。**これは、毎年の予算案発表時のコメントや、首長の所信表明、議会挨拶などを見ていただければ、理解できると思います。

自治体は、景気に左右されやすい歳入構造であり、しかも今後の少子高齢化や人口減少の進行を考えると、とても余裕のある財政状況にはならないのです。

9 全く実現性のないことを提案されたとき

×
とてもできません

←

○
ご意見として承ります

ここがポイント！

質問する議員の意図を踏まえることが大事。

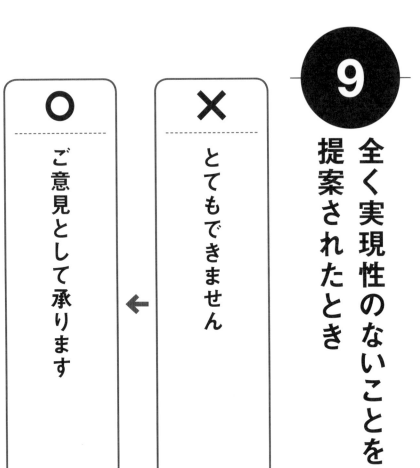

議員から、全く実現性のないことを提案されるときがあります。行政としては、「そんなことは、とてもできない」「それは夢物語だ」と思うような内容です。

質問する議員自身も、実際には難しいことを十分に理解している場合もあります。それにもかかわらず、そのような提案をする背景としては、長い質問の中で抑揚をつけるためであったり、自分の夢を語りたいためであったりと、いろいろな理由が考えられます。つまり、提案に対して直接的な回答が得られないことも、よくわかっているのです。

このため、**こうした提案を真正面から受け取って「とてもできません」という正直すぎる答弁は、少々場違いな（もしくは野暮な）印象を与えてしまいます。**「ご意見として承ります」との答弁が妥当です。

しかし、議員によっては本心から「これを行うべきだ！」と考え、全く実現性がない提案をしていることもあります。この場合は、先述した「それも考え方の一つと認識しております」と答弁することが考えられます。行政として実現する意思がないことは、これで理解してくれることもあります。ただ、この答弁では、後日また質問してくる可能性も否めません。そのため、全く実現性がないことを明確にする意味では、「ご意見として承ります」のほうが適しています。

このように、この**「全く実現性のないことを提案されたとき」は、質問する議員の意図がどこにあるのかを把握しておくことも重要**です。

10 議員の提案を理解したうえで、否定するとき

×

考えはわかりますが、できません

←

○

しかし、一方で課題もあります

ここがポイント！

単に否定するのでなく、実施には課題があることを丁寧に説明する。

議員からの提案は理解できるものの、それでも否定しなければならない場合があります。例えば、保育園の待機児童対策として、①保育園の新設、②幼稚園の認定こども園への転換、という二つの選択肢が市にあったとします。しかし、両方を同時に実施する余裕はありません。要する時間などを考慮した結果、市としては②を選択したものの、議員から強く①の実施を求められるような場合です。

行政としては比較して検討した結果、②を選択したのですが、議員の主張する①も十分理解はできるわけです。そのため、「考えはわかりますが、できません」と答弁してしまいがちですが、これでは議員としては納得できません。そこで、**「保育園の新設も確かに待機児童対策には有効です。しかし、一方で課題もあります」として、②を選択した理由、具体的には時間や費用対効果などを説明します。**このように答弁すれば、論理的な説明が可能となります。

行政としては、さまざまな選択肢がある中で、一つを選んで実施していきます。そのため、「こちらのほうが、本当はよいのではないか」と議会から提案されることはよくあります。もちろん、それで折衷案を見出せたり、行政が選択した内容に理解してもらえたりすれば問題ないのですが、結果的に物別れに終わってしまうこともあります。そして、後から判断すれば、議会側が主張していた案のほうが実はよかったということもあり得ます。しかし、行政としてはそのときに下した判断を丁寧に説明するしかありません。

11 実施予定の事業を提案されたとき

×

実施します

←

○

実施に向けて努めてまいります

ここがポイント！

提案の内容、質問者、答弁する時期や場所について注意が必要。

今後、実施する予定の事業について議員から質問された場合、単に「実施します」では淡白すぎる答弁になってしまいます。また、**何らかの理由で万が一実施しないことを考えると、「実施に向けて努めてまいります」という言い方が適切**です。

なお、この「実施予定の事業について質問される」という状況には注意が必要です。

これまでも述べたように、議員の質問は、議員の成果と結びつくため、「自分の提案が事業化された」となれば、議員は自身にとっての最大の成果と捉えます。もちろん、実際には、これまで行政内部で検討を続けてきたことで、たまたま質問の内容（議員の考え）が行政と合致しただけということもあります。しかし、通常はそうは考えず、単に議員の成果と判断されてしまう可能性があります。また、議員自身もその点をアピールすることがあります。

例えば、首長の選挙公約や、自治体として重点を置いている事業について、野党議員や経験の浅い議員から質問されて、「実施に向けて努めてまいります」との答弁では、やはりバランスを欠いてしまいます。与党のベテラン議員の質問に対して答弁するほうが妥当です。もちろん、それほど重点を置いている事業でなければ、そこまでの配慮は必要ないでしょう。

また、**いつの時点で実施の表明をするのかも重要**です。予算案などに掲載されており、すでに周知の事実であれば特に問題ないのですが、**自治体の目玉事業として対外的に初めて発表する場合には、本会議で首長が答弁するのが一般的**です。

12 複数の部署に関わる事業を提案されたとき

×

他の部署と連携していきます

←

○

全庁一丸で取り組んでいきます

ここがポイント！

縦割り主義を感じさせないように、全庁的な視点で答える。

議員から、一つの部署だけでなく、複数の部署が関わる事業について提案される場合がありま す。新型コロナウイルス感染症対策などは、典型的な例といえるでしょう。関係する部署としては、保健所はもちろんのこと、子ども関連であれば保育課・教育委員会、経済・観光対策であれば商工課や観光課、各種施設を所管する文化課・スポーツ課など、多くの部署に影響します。

こうした場合、**自分の課の事業であっても、他課と連携しないと、円滑に事業ができないことがあります。**先の例でいえば、通常時であれば保育園児が近くの公園に外出していても、新型コロナウイルスの影響で、公園の利用を中止するようなケースです。このような場合、保育課と公園課の間で事前の庁内調整が必要となります。

しかしながら、自分の課の影響しか考えない管理職は意外に多いのです。このため、議員は広い視点で質問しているにもかかわらず、単に「他の部署と連携します」とあっさりと答弁してしまうことがあります。しかしながら、**これでは組織横断的な連携について強調されませんし、場合によっては、縦割り主義があるように聞こえてしまいます。**

望ましい答弁は、「全庁一丸で取り組んでいきます」です。このように答えれば、**縦割り主義は払拭されますし、庁内において緊密に連携していることを伝えられます。**

なお、単なる一事業課の課長が、このように答弁してよいのかと考える方もいるかもしれませんが、そもそも行政は役所全体で取り組むものですから、何ら問題はありません。

13 過大な要求をされたとき

×
そんなことはできません

←

○
今後も○○に努めてまいります

ここがポイント！
単に要求を否定するのではなく、議員の質問の趣旨をくみ取って答える。

議員が質問を通じて、過大なことを要求してくるときがあります。

これは、議員からの提案というよりも、どちらかというと**「無理難題を行政に押し付けてくる」**といったほうがわかりやすいかもしれません。例えば、「すべての高齢者世帯を訪問調査して、困っていることを把握すべきだ」「財政調整基金をすべて取り崩して、住民サービスの向上に充当すべきだ」などです。職員への過重な負担、健全な自治体運営の阻害など、非現実的な質問です。

こうした質問をする理由として、議員本人が真剣にそう考えていることもあるものの、言い方は悪いのですが、**一種のパフォーマンスの場合もあります。また、質問全体の中で抑揚をつけるために、わざと極論を述べ、笑いを誘う意図の場合もあります**（笑えないことも多々ありますが）。

いずれの場合でも、「そんなことはできません」と真正面から否定してしまうのは、NGです。これでは、議員の立場がなくなってしまいますし、答弁された議員も感情的になってしまいます。

そこで、「全高齢者世帯を調査すべきだとのご質問でありますが、現在の職員体制では困難であることはもちろんのこと、仮に業務委託で実施した場合でも、多額の費用などの課題があります」と困難な理由を挙げて説明する必要があります。

そのうえで、「今後もさまざまな機会を捉えて、高齢者の実態把握に努めてまいります」のように、行政としての姿勢を示す表現にします。これにより、**議員の要求には応えられないものの、「高齢者の実態把握をすべき」という質問の趣旨に応えていくことを示すことができます。**

14 自分の異動前のことを質問されたとき

×

その当時、私はいませんでした

○

当時は、◯◯だったと認識しております

ここがポイント！

担当事務について質問されたなら、たとえその当時にいなくても、何かしらの答弁をする。

課長は、一般的に二、三年で異動します。一年で異動ということも珍しくありません。このため、課長は着任したら、すぐに担当事務を押さえなければなりません。着任早々から、議員や上層部からの質問に答える必要があるからです。しかし、すべてを完璧に理解するのは容易ではありません。

このため、委員会で「学校選択制度を開始した十五年前、保護者の意見はどうだったのか」とか「○○公園を設置した際、県と覚書を結んだはずだが、その内容は?」など、自分が着任する以前の細かな経緯などを質問され、答えに窮することがあります。

そんなとき、「その当時、私はいませんので、わかりません」と答弁してしまう課長がいますが、これはNGです。そう答弁したい気持ちは理解できます。しかし、**自分がその当時に在籍していたかどうかは、議会にとっては関係ありません。**あくまで、現在その事務を担当する課長なのですから、責任者として何かしらの答弁をしなくてはなりません。

しかし、そのような過去の細かな経緯まで理解できていないことも、当然あります。そこで、「当時は、○○だったと認識しております」と、やや答弁をぼかすわけです。**曖昧な記憶で「○○です」と断定して、もし事実誤認があった場合、後日、「○○と答えていたが、間違っているではないか」と追及されてしまいます。**あくまで「認識しております」と、ニュアンスを弱めておけば、仮に間違いが判明した場合でも、「私の認識違いでした」と、何とかしのぐことができます。

15 担当外のことを質問されたとき

×
それは私の担当ではありません

←

○
所管課で○○していると
聞いております

ここがポイント！

担当以外の事務について質問されても、全庁的な立場で答弁する。

議員から、自分が担当していない事務について質問されることがあります。

これは、質問する議員が課の担当業務を理解していなかったり、もしくは勘違いしていたりすることによります。例えば、高齢福祉分野であれば、地域包括ケア、介護保険、権利擁護、老人クラブなど、さまざまな分野があり、一つの課ですべての分野を網羅していることは、まずありません。**議員が完璧に各課の担当事務を理解できていなくても、責めることはできません。**

また、質問の流れで、関連する分野に言及することがあります。例えば、保育園の待機児童問題に関連し、幼稚園について質問するような場合です。この場合、保育園は首長部局、幼稚園は教育委員会の所管であるとすれば、保育課長に幼稚園について質問されても困るわけです。

こうしたとき、つい「それは、私の担当ではありません」と答えてしまいがちですが、これは疑問です。なぜなら、**議員は行政に対して質問しているわけですから、「担当ではありません（だから答弁できません）」では済まない**のです。このような答弁をしてしまうと、慌てて部長などの上席者が答弁に立ち、代わりに質問に答えるような場面も時々見られます。答弁は、担当課長だけの問題ではなく、行政全体に関わるからです。

こうしたことから、担当課長としては、**「所管課で○○していると聞いております」と、さりげなく自分の担当外であることをほのめかしておく**とよいでしょう。そうすれば、質問した議員もそれ以上に追及することはありません。

16 手元に資料がないことを質問されたとき

×

資料がないのでわかりません

↓

○

およそ○○程度と認識しております

ここがポイント！

資料を準備していないのは、課長のミス。それでも、大まかな傾向などで答弁する。

議員から、「現在の特別養護老人ホームの待機者数は何人か」「本市の合計特殊出生率は」「新型コロナウイルス感染症の影響による、保険料の減免の申請者数をどの程度見込んでいるのか」など、統計データや推計値などを質問されることがあります。

当然、こうしたさまざまな質問に対応するため、委員会開催の際には、課長は関係資料を持ち込むのですが、うっかり忘れてしまうことがあります。

このようなとき、「資料がないのでわかりません」という答弁はNGです。これは、**自らのミスを委員会の場で晒しているようなもの**です。議員だけでなく、部長や首長なども、内心では「何をやっているんだ」と思ってしまいます。

資料がない場合は、「およそ○○程度と認識しております」と、**正確な内容でなくても、それに近い数値や大まかな傾向などを示します。**正確な数値を把握していないにもかかわらず、「○○です」と断定してしまうと、後で間違いだとわかった場合に問題となってしまいます。このため、**「○○程度と認識しております」とぼかしておけば、仮に間違いが判明した場合でも、「間違った認識でした」と後でフォローすることが可能**となります。

なお、過去の古い内容や、現段階では推計が困難なことなど、「今、そんなことを聞かれても困る」と思うような質問がされることもあります。こうした際にも、「わかりません」と白旗を上げるのでなく、同様の答弁で対応します。

17 方針転換した理由を問われたとき

×

上から指示されました

○

市として取り組んでおります

ここがポイント！

上から指示されて、自分の本意でないことを行うときでも、組織人として対応する。

自分の本意ではないものの、上司からの命令でやらなければならない――。

長い公務員人生の中では、組織人としてこうしたことを一度や二度は経験するものです。

例えば、**新しい首長の選挙公約として掲げた政策が、これまでの首長の方針とは正反対の内容である場合**があります。しかし、新首長の指示があれば、実現しなくてはなりません。

このようなとき、議会側から、「昨年までは、市は正反対の説明をしてきたのに、なぜ方針転換したのだ」などと激しく追及されます。担当課長自身もその政策に反対であれば、「首長が変わったのだから、仕方ないではないか」というのが本音でしょう。そのため、思わず「上から指示されました」といった答弁をしてしまいがちです。

しかし、これは組織のルールをわきまえていない発言と言わざるをえません。**「自分のせいではありません」と主張したいのでしょうが、自治体の管理職としては不適切**です。

あくまで「市として取り組んでおります」と述べ、方針転換した理由などを説明することが求められます。もちろん、方針転換の本当の理由は「首長が変わったから」なのですが、それを言っては身も蓋もないので、何かしらの理屈を考えるわけです。

また、企画・財政・人事等の官房系部署が決定した内容について、事業課の課長が自分の意思に反して「○○事業は廃止することとしました」と答弁しなければならないこともあります。

「上から指示されました」という答弁が許されるのは、おそらく百条委員会だけでしょう。

18 個人の見解を問われたとき

×

個人的には○○と思います

←

○

市としては○○と認識しております

ここがポイント！

あくまで行政組織の一員に過ぎないことを自覚し、個人的見解は述べない。

議員は、さまざまな方法で行政側の本音を探ろうとしてきます。

例えば、長年活用されていない市有地があり、地元からは公園整備の要望があったとします。議員は実現を目指し、担当課長に「当該市有地の活用について、どう考えているのか」と質問してきます。市として何も決定していなければ、「検討中です」との答弁でしのぐこととなります。

しかし、議員から「地元からは公園整備の要望があり、防災対策としても有効と考えるが、担当課長個人としてはどう考えるか」とさらに詰め寄られることがあります。こうした際、耐え切れずに「個人的には有益だと思います」などと答弁してしまうのですが、これはNGです。

担当課長としては、個人的な見解を述べただけと考えるかもしれません。しかし、**これは正式な委員会の場における、担当課長としての答弁になってしまいます。**場合によっては、「市は公園整備が有益だと判断した」との噂が独り歩きしてしまうかもしれないのです。このため、正式な場での「個人的には○○と思います」といった発言は避けるべきです。

そこで、先のような質問がされても、「市としては、公園整備も一つの選択肢であると認識しております」のように答弁します。**あくまで、市の責任者としての姿勢を貫く**わけです。

そもそも、本会議や委員会などの正式な場で、個人的見解を述べることに意味はありません。それが許されるのは政治家である首長だけでしょう。

19 質問の内容が特定できないとき

×

質問の意味がわかりません

←

○

○○について
お尋ねかと思いますが

ここがポイント！

質問の意味がわからない場合は、質問と思われる内容を自分で特定し、答弁する。

本会議であれ委員会であれ、質問にはその議員の個性が表れるものです。単刀直入に聞く、理詰めで尋ねる、常に市民感情を踏まえて質問するなど、議員によってさまざまです。まだ課長になって日が浅いと、それぞれ異なる個性を持った一人ひとりの議員にどのように対応していけばよいのかわからず、困ってしまうかもしれません。しかし、経験を重ねていくうちにだんだんと慣れていくものです。

さまざまな議員がいる中で、困る質問の一つが、**「どれが質問なのか、よくわからない」**というものです。例えば、話好きの議員で話があちこちに飛ぶものの、結局、何について質問しているのか、よくわからない場合です。また、「市民からホームページが見にくいという声があります。この状況について市はどう認識しているのか、気になるところであります」のような発言の場合、これが質問なのか、それともその後にある質問の前置きなのか、判然としません。

こうした際、直接「質問の意味がわかりません」と答弁してしまうと、議員の顔を潰してしまいます。「今の発言では、どれが質問なのか特定できません」→「あなたの発言は質問ではありません」となってしまうからです。このため、**質問が明確でないときは、「○○についてお尋ねかと思いますが」と前置きし、こちらで質問内容を特定して答弁します。**表面的には質問に答えたことになりますし、仮に質問と考えた内容が間違っていても、その際には再質問がありますので、フォローすることが可能になります。

20 質問の内容が間違っているとき

×

質問が間違っています

←

○

◯◯はどうかとのご趣旨かと思いますが

ここがポイント！

質問の内容が間違っていても、質問の趣旨を捉えて答弁する。

稀に、議員の質問の内容が間違っていることがあります。

例えば、「現在、就学援助の対象者世帯は生活保護基準の1・1倍までとなっているが、これを1・2倍に引き上げたらどうか」との質問があったものの、正しくはすでに1・2倍になっているような場合です。「1・1倍ではありません。質問は間違っています」と指摘してしまうと、議員の立場がありません。そこで、「就学援助の対象は、現在、生活保護基準の1・2倍となっており、さらに少し引き上げてはどうかとのご趣旨かと思いますが」と**間違いをやんわりと修正したうえで、議員の「もう少し対象を拡大したらどうか」との趣旨を捉えて答弁します。**これにより、議員自身が間違いに気づくことができるのはもちろん、質問と答弁のやり取りを中断することなく、続けることができます。

なお、事前に質問が把握できない委員会で、「令和元年度から開始された減免制度」「民生費は前年度比で4％増」「現在、住民税課税所得が140万円以下の場合、自己負担割合は1割」など、引用された年号、数値、金額などの軽微な間違いがあっても、質問の内容に影響を与えないものは、いちいち答弁の中で間違いを指摘する必要はありません。

ただし、**本会議質問で事前に質問を渡されて、こうした誤りを発見した場合には、できるかぎり本会議前に伝えます。**本会議の会議録は必ず作成しますので、誤った内容のまま掲載されてしまう可能性があるからです。

21 議員が意見ばかり述べて、答弁する内容がないとき

×

特にお答えすることはありません

↓

○

さまざまな意見をいただきました

ここがポイント！

議員の意見を繰り返したうえで、答弁できる部分を見つけて対応する。

本会議・委員会とも、議員の発言は、大きく2種類に区分できます。それは、「質問」と「意見」です。質問は、当然のことながら、行政に対する質問が中心となります（議会運営委員会などでは、議員が議員に質問することがありますが、そうしたケースは稀です）。

行政としては、質問されればそれに対して答えることになります。これに対して、議員が自分の意見を述べて、行政に答弁を求めないことがあります。つまり、委員の意見表明や行政に対する要望なのですが、その場合は特に対応することはありません。

しかし、対応に困るのは、**行政側が「これは意見だな」と考えているにもかかわらず、委員長が質問だと勘違いしてしまい、担当課長を指名してしまう場合**です。委員長自身が、質問なのか意見なのかを判断できないために、行政側に下駄を預けてしまう場合もあります。

また、議員がいろいろな意見を述べたうえで、「今、いろいろと意見を述べてきたが、それに対し、市はどのように考えているのか、伺います」と、急に意見から質問に切り替え、行政に答弁を求めることがあります（議員の発言は最後まで気を緩めずに聞かなくてはなりません）。

このような場合、「特にお答えすることはありません」では、委員会のやり取りとしてちぐはぐになってしまいます。そこで、**「さまざまな意見をいただきました」として、議員が述べた内容を繰り返して、時間を稼ぎます。**そのうえで、答弁できる部分を見つけて、何かしら答弁して締め括ります。

22 質問の内容が不明確なとき

×

質問の内容がよくわかりません

←

○

いずれにしましても

ここがポイント！

最後に「いずれにしましても」と一般的・総論的内容で締め括ってしまう。

議員の質問の内容が不明確で、特定できない場合があります。

例えば、「近年の風水害の増加により、住民から不安の声が上がっており、早急な対策を望んでいます。また、市内の複数の企業から、風水害だけでなく地震対策も含め、帰宅困難者対策のガイドラインを示してほしいとの意見も寄せられています。こうした意見を市はきちんと受け止めているのでしょうか。防災対策の対象は、住民だけでなく事業者も含まれます。災害も自然災害だけでなく、テロやサイバー攻撃など、さまざまな事態を想定する必要があります。こうした防災対策に、市はどう対応していくつもりですか」のような質問です（わざと悪文にしています）。

答弁としては、**①風水害対策、②帰宅困難者ガイドラインの作成、③総合的な市の防災対策のあり方**が考えられます。また、**①や②は、あくまで③を聞くための例示であって、③だけ答弁すればよい**とも考えられます。どちらの考え方も成り立ちます。

このように質問の内容が不明確な場合、「質問の内容がよくわかりません」と答えるのはNGです。こうした場合は、行政側で質問を整理しましょう。実際には、**①や②に言及しつつ、最後に「いずれにしましても、市としては今後も防災対策の充実に努めてまいります」のように一般的・総論的な内容を述べて、締め括ってしまう**のです。

この「いずれにしましても」は、前項の「議員が意見ばかり述べて、答弁する内容がないとき」にも活用できます。議員の意見を繰り返したうえで、「いずれにしましても」とまとめるのです。

23

議員が感情的になっているとき

×

それは違います！

←

○

ご質問にお答えいたします

ここがポイント！

行政側も一緒に感情的になると、事態はさらに悪化してしまう。

質問中、議員が感情的になってしまうことがあります。その理由は、**義憤に駆られた場合、困っている住民の心情を慮った場合、市内で起こった事件・事故について怒っている場合**など、さまざまです。そうした中で、対応しなければならないのは、行政に向けられた怒りや不満です。行政のミスや不作為はもちろんのこと、議員と行政との間のちょっとしたボタンの掛け違い、担当課長の根回しが不十分な場合など、いろいろとあります。

このようなとき、議員はかなり激しい言葉で行政を責め立てるため、厳しい発言に対して、「なぜ、そんな言い方をするのか」「これは人格否定なのでは」と思ってしまうこともあります。

しかし、こうした議員の発言に対して「それは違います！」と、**こちらも感情的になってしまうのは最悪の答弁といわざるをえません。**感情的になって言い争っても、事態は収まらず、結局は両者にしこりが残ってしまうからです。このような場合はたとえ、はらわたが煮えくり返っていても、表情に出してはいけません。むしろ、**あえて冷静さを装い、「ご質問にお答えいたします」と言って、聞かれたことだけを淡々と答えていきましょう。**

なお、議員はわざと感情的な姿を演じていることもあります。これは、発言を聞いている住民を意識していたり、どうにかして行政から踏み込んだ発言を引き出そうと考えていたりするからです。ですから、**こちらも同じように感情的になってしまうのは、実は議員の術中にはまっている可能性もある**のです。

24 答弁の内容にやや不安があるとき

×
わかりません

○
○○と考えております

ここがポイント！

「事実（と思われるもの）」+「と考える」で認識を示す。

たとえベテラン管理職でも、答弁の内容にいつも自信を持っているわけではありません。

こちらが想定していない質問や、手持ちの資料がない中で過去の実績値について答える場合などは、「確か○○だったと思うけれど、確証は持てないな」ということがあります。

しかし、確証がないからといって、「わかりません」では、管理職として十分に職責を果たしているとは言えません。だからといって、「○○です」と断言するのも危険です。

そこで、「○○と考えております」と、自分の考えや認識を示す表現にするのです。そうすれば、断定するよりもニュアンスとしては弱まります。「○○と思います」「○○と認識しております」との表現も同様です。

ポイントは、「事実（と思われるもの）」＋「と考える（思う、認識する）」という点です。**あくまで、「○○と自分は思う」なので、「実際には事実でないこともあります」という言い訳を含んでいる**のです。このため、後日「あのときの答弁は、実際には違っていたではないか」と追及されても、「自分の考え（認識）が間違っておりました」と弁解することができます。「○○です」と断定してしまい、後で引っ込みがつかなくなるよりも、まだましと言えるのです。それでも間違った認識を示した答弁については、もちろん、後日修正しなくてはなりません。

このように、**答弁の内容にやや不安があるときは、あくまで自分の認識を示すことに留める**とよいでしょう。

25 答弁の内容に不安があるとき

×

わかりません

↓

○

○○と聞いております

ここがポイント！

「事実（と思われるもの）」＋「と聞いた」と伝聞で表現する。

前項よりも、もう少し不安の度合いが強いときの答弁です。

やはり、議員の質問に対して「わかりません」では首長から「何をやっているんだ」と睨まれてしまうかもしれませんので、なんとか答弁をひねり出さなくてはなりません。

こうした場合、「○○と聞いております」と、「自分は聞いた」という表現をすることがあります。ポイントとしては、「事実（と思われるもの）」＋「と聞いた」です。

これは、「部下や他人などの第三者から自分が聞いたことなので、それが本当に事実かどうかわからない」という言い訳が隠されています。つまり、伝聞です。**「聞いた」ことは事実であっても、聞いたその内容が事実かどうかわからないという理屈**です。

この答弁は、「本年一月現在の高齢化率は」「今回の保育園の事故に対して、市はどのように考えているのか」などデータや認識を問う質問については、当然ながら対応できません。

しかし、「保育園の事故の原因は何か」「その当時の住民の意向はどのようなものだったのか」など、過去の事実を確認する質問に対しては用いることができます。

なお、**答弁の内容に不安があるからといって、この答弁を多用してしまうと、「きちんと答弁していない」「主体的に答弁をしていない」などと言われかねません。**それは、厳密には質問に対して直接答えたとは言い切れないからです。あくまで答弁の内容に不安があり、やむをえない場合に限って使うとよいでしょう。

26 答弁の内容に強い不安があるとき

×

わかりません

↓

○

○○ということがあるようです

ここがポイント！

「事実（と思われるもの）」＋「があるようです」と推測で表現する。

さらに、答弁の内容に強い不安がある場合です。

「○○です」と断言することはもちろん、「○○と考えております」との認識を示すことも、「○○と聞いております」と伝聞の内容を伝えることも難しい――。こんな場合が実際にあります。

こうした場合、「○○ということがあるようです」と推測を述べる方法があります。

例えば、「現在、市では高齢者への食事サービスを行っているが、『提供事業者から他のサービスに契約するように強要された』との意見が私のところに届いている。こうした事実を、市は認識しているのか」という質問があったとします。

担当課長はそのような報告を部下から直接は聞いていません。しかし、**部下の会話の中で、そのような住民と事業者との間でトラブルがあることを耳にしたことがあります。**このため、「そんなことはありません」と否定してしまうと、実際にトラブルがあったと判明した場合、後で困ります。また、「その件については○○です」と説明できるだけの事実も把握していません。

そこで、「強要されたかどうかはわかりませんが、住民が事業者に苦情を告げた事例はあるようです」のように、**質問に関連することを推測で表現しつつ、「今後、調査してまいります」と付け加えます。**あくまで自分の推測に過ぎないため、これに対して追及されることはありません。

こうすると、質問に対して直接の答弁を避けることができ、また話題を転換することが可能となります。

27 質問に肯定も否定もできないとき

×

そうだとも、そうでないとも言えません

←

○

記憶にありません

ここがポイント！

ただ、「自分の記憶にはない」ことだけを述べて、質問に対して肯定も否定もしない。

言い方は悪いのですが、**「記憶にありません」は、究極の自己防衛の答弁**です。なぜなら、質問に直接答えずに、「自分の記憶にはない」という、**自分にしかわからないことを述べているから**です。

この答弁が使える質問としては、「住民説明会で、課長は『将来的に国保料は現在の二倍になる』と発言したと言われているが、それは事実か」「人事課長は、『来年度は、どこの部署も定数増はしない』と明言したとの噂があるが、本当か」など、事実を確認する場面があります。

一方、「市は、人口減少に対してどのような認識を持っているか」などの認識を問う質問には、使えません。もちろん、答弁する管理職が事実を知らずに、単に「記憶にありません」と答弁して済んでしまうこともあります。

ただ、実際にはこの「記憶にありません」が使われるのは、質問を肯定しても否定しても、問題が発生してしまう先のような質問です。

「ご指摘は事実です」のように質問を肯定してしまうと、間違いなく再質問や再々質問が予想され、かなり窮地に立たされます。また、反対に質問を否定したとしても、後日それが事実と判明した場合には、困った事態になります。このように、質問に対して肯定も否定もできないときに「記憶にありません」と答弁します。ただ、当然ながら、この答弁は、その場はしのげるかもしれませんが、議員に不信感を抱かせてしまう可能性がありますので、注意が必要です。

28 過去に答弁したことを再度質問されたとき

×

それはもう答弁しました

↓

○

以前に答弁しておりますが

ここがポイント！

議員も承知のうえで、同じ質問をしていることがあるので注意が必要。

以前に答弁したことがあるのに、もう一度、同じ内容を議員から質問されることがあります。

これには、①同じ議員が、以前に質問したことを忘れている場合、②同じ議員がわざと同じ質問をしてくる場合、③別の議員が、以前に他の議員が質問したことを知らずに質問する場合、④別の議員が、以前に他の議員が質問したことを知っているのに、わざと同じ質問してくる場合、⑤状況の変化があり、以前の答弁の内容が変わる可能性がある場合の五つのパターンがあります。

②と④をする理由は、本当に質問したいことは別にあり、そのための前振りのような位置付けとするためです。例えば、**行政を追及するために、「以前に答弁した内容を、念のため確認する。そして、それをふまえて聞く」というスタンス**です。

同じ質問がされた場合、行政側は「それはもう答弁しました」と言いがちです（⑤を除きます）。しかし、前述のような意図があることをふまえれば、それは議員も承知のうえなのです。このため、「それはもう答弁しました」ではなく、**「以前に答弁しておりますが」と告げ、同じ答弁の内容を繰り返すのが正解**です。①や③のケースであっても、「これはすでに質問された内容なのです」ということを伝えることができます。

なお、野党議員の場合は、利用料や保育料の値下げなど、住民負担になっているものについては、何度も同じ質問をする場合もあります。この際には、「これまでもお答えしておりますが」「何度も繰り返してお伝えしておりますが」などと表現することがあります。

29 議員の意見を否定したいとき

×

それは違います

○

ご指摘は当たらないものと考えております

ここがポイント！

野党議員の意見を否定するときに、あえて使うことがある。

質問の中で、議員が自分の意見を述べて、それに対する行政の見解を求める場合があります。例えば、「現在、新型コロナウイルス感染症の影響により、生活困窮者が急増している。生活相談担当の職員数は不足しており、もっと増員すべきではないか」などの質問です。

実際には、確かに生活困窮者は増えているものの、現在の職員体制で十分に対応できているとします。こうした場合、「それは違います」と、**議員の意見を一刀両断してしまいがちですが、これではあまりにストレートすぎますし、議員の意見を否定してしまいます。**

そこで、①「確かに相談件数は増加しておりますが、現在の職員体制で対応できております」と現状を説明したうえで、②「このため、職員数が不足しているとのご指摘は当たらないものと考えております」と述べます。これにより、議員の意見を否定するわけです。

①「確かに相談件数は増加しておりますが、現在の体制で対応できております」という答弁だけでも十分意味は伝わります。それにもかかわらず、あえて、②「ご指摘は当たらないものと考えております」と否定するのには理由があります。それは、**質問した議員が野党議員で、行政として明確に否定しておきたいなどの意図がある**からです。②の一言を加えることで、明確に否定できるのです。

また、「○○とのご意見でありますが、そのような認識はしておりません」「ご指摘のようなことはないと考えております」なども用いられます。

30 取組みを強くアピールしたいとき

×
実施します

↓

○
全力で取り組んでまいります

ここがポイント！

他の事業よりも力を入れていることを伝える。

重要施策や重点事業、また住民ニーズの高い事業など、行政として特に力を入れて実施することをアピールしたいものがあります。こうした場合、単に「実施します」では、そうした意図が伝わりません。そこで、「全力で取り組んでまいります」のように力強い表現を用います。

すべての議員が出席する本会議で、**この表現を用いるのは、全庁的に見て重要度が高かったり、首長の思い入れがあったりする事業の場合**です。

単に、各部・各課の思いだけで使うことはありません。しかし、基本的に議員の一部しか出席しない委員会で、課長や部長が発言する場合には、その課・その部の思いを反映していることになります。課長が「全力で取り組んでまいります」と発言するのは、当然、その課の所掌事務についてのはずです。他の課の業務に対しては、用いません。

また、このフレーズは、**何かミスがあった場合にリカバリーする際にも用いられます。**例えば、公園の遊具の安全管理が不十分であったため、事故が発生してしまったような場合にも、「今後、安全管理に全力で取り組んでまいります」のように答弁します。

なお、「全力で取り組んでまいります」と同様の表現としては、先述した「全庁一丸で取り組んでいきます」がありますが、これは組織横断的な連携も意味しています。**「全庁挙げて」**も同じです。また、**「一丁目一番地と位置づけ」「最優先事項として」**などの表現もあります。

第2章

質問に伴う議員への取材編

1 担当業務について本会議質問があるのかを確認したいとき

×

○○課に関する質問はありますか

←

○

質問の内容は決まりましたか

ここがポイント！

自分視点でなく、議員視点で尋ねる。

議員への取材は、管理職にとって重要な業務です。取材が不十分だと、「質問と答弁がかみ合っていない」「答弁作成にあたり、他課と調整が十分でなく、首長に怒られてしまった」といった事態が起きてしまうからです。

このため、管理職としては議員に十分な取材を行い、いち早く情報を得て、できるだけ早く答弁の準備に着手したいといつも考えています。

そこで、**管理職が気になるのは、「そもそも、自分の担当業務について議員が質問するのか、しないのか」**という点です。もし、質問がないことがわかれば、取材業務から解放されるため、質問の有無の確認は非常に重要なのです。**本会議質問であれば事前通告がありますが、質問者がわかればそれを待たずに情報収集することも可能**となります。

こうした質問の確認の際、議員に対して、つい「○○課に関する質問はありますか」と自分視点で尋ねてしまいがちです。しかし、議員はすべての課の業務について理解しているわけではなく、**「○○課の業務について質問しよう」のような課単位の視点で考えることは稀**です。

そこで、「質問の内容は決まりましたか」と尋ねたほうが議員の立場になった質問になります。こう質問すると、質問の内容全体を教えてくれるので、聞きながら自分に関係する内容があるのかを確認できます。場合によっては、質問の中心は違う部署であっても、それに関連した内容が質問されることがあるため、質問を取りこぼすこともなくなります。

2

担当業務について本会議質問があるとわかったとき

×

質問は○○ですね

→

○

答弁は○○のようになります

ここがポイント！

質問に対する答弁の大枠を知ることは、議員にとって大事な機会になる。

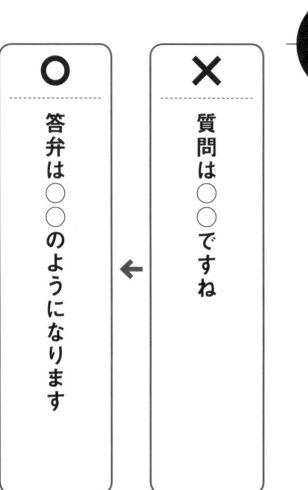

議員への取材により、自分の担当業務への質問があることが判明したとします。

その際、具体的な質問の内容が決まっていれば、その内容を聴取したうえで、「その質問に対しては、答弁は○○のようになります」と答弁の大枠を示すことが一般的です。

議員の中には、「答弁の内容は特に期待しない。とにかく自分が聞きたいことを質問する」という方もいます。しかし、**多くの議員は「この質問に対して、どんな答弁になるのか」に注目しているため、質問前に答弁の大枠を知ることができるのは大事な機会**なのです。前向きな答弁を引き出すことができれば、議員の成果にもつながります。また、そうでなくても「この質問は的確か」「こんなことを聞いたら、笑われるのではないか」など、質問内容のチェックにもつながるからです。このため、**単に「質問は○○ですね」と質問の内容を確認するだけでは不十分**です。

なお、「あまり良い答弁はできません」と言って、何とか議員に質問を止めさせようとする管理職もいます。しかし、ただ自分への質問をさせないためだけに、こうした発言をしているのであれば、いずれ議員との関係が悪化してしまうでしょう。質問を止めさせる意図が見え見えであれば、議員は当然、態度を硬化させるからです。

例えば、「質問の内容はすでに周知の事実であり、その質問にはあまり意味がないのでは？」と疑問に思う場合も確かにあります。後述しますが、そうした際は、「○○という視点からの質問はいかがでしょうか」と代案を示します。

3 本会議質問の内容を相談されたとき

×

わかりません

←

○

現在、○○、△△、□□などが課題になっています

ここがポイント！

議員と管理職は、持ちつ持たれつの関係。相談されたら、複数の課題を提示する。

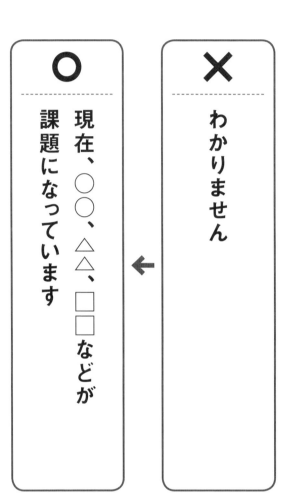

議員が質問する背景には、いくつかのパターンがあります。①自分の興味・関心、②地域の住民、事業者、各種団体からの意見や要望、③所属する会派・政党・団体の考え、④他自治体や国などの動向、⑤会派内での役割分担（幹事長として総括質問を行うなど）、⑥社会問題などの時事ネタなどが代表的な例です。

しかし、ときには、なかなか良い質問が見つからず、管理職に尋ねて、質問の材料を探すということもあります。議員から**「今、市ではどんなことが話題になっているの」**など逆取材を受けたり、**「何か質問の良いネタはない？」**とストレートに尋ねられる場合もあります。

このようなとき、管理職は「わかりません」と、つい自分の身を守ってしまう発言をしてしまいがちです。何も言わなければ、余計な火の粉をかぶらなくて済むという計算が働くからです。しかし、これは長期的な議員との関係を考えると、マイナスです。**議員としては、「相談しても何もしてくれない」とその管理職に烙印を押してしまう**からです

議員と管理職は上下関係でなく、持ちつ持たれつの関係です。もちろん信頼がベースにあることが基本ですが、貸し借りが生まれることもあります。このため、こうしたときは「現在、〇〇、△△、□□などが課題になっています」と、**複数の課題を提示してあげたほうが議員にとっても有益**なのです。その際、もちろん自分の担当業務にとどまらず、全庁的視点に立ち、管理職としての視野の広さを示すことが求められます。

4 今、本会議質問されると困る内容が含まれているとき

×

その質問は止めてください

←

○

質問の時期をずらしていただけませんか

ここがポイント！

今、質問されると困る理由を説明したうえで、質問の時期をずらしてもらう。

質問の中には、「それを質問されると困る」というような内容が含まれているときがあります。例えば、「後日発表予定の新規事業を知ってしまい、その内容を先取りして質問する」「内々に進めている県と市の協議の状況を確認する」「まだ地元調整中の障害者施設の整備について尋ねる」などです。このように、**質問されて困るのは、質問の時期に問題があることがほとんど**です。「それを質問することはタブーだ」といった内容は、まずありません。

このような質問を予定していると告げられた場合、つい「その質問は止めてください」と言ってしまいがちです。本音かもしれませんが、議員に対する発言としてはNGです。妥当な受け答えは、「質問の時期をずらしていただけませんか」です。

もちろん、時期をずらしてもらう理由を説明しなければなりません。「首長が記者会見で新規事業を発表するので、その前に質問されると格好がつかない」「現在、県との協議は大詰めを迎えているので、質問が協議に影響を与えてしまう」「関係するすべての町会長への説明が終わらないと、『自分は聞いていない』との苦情が出て、施設整備に支障が出る」などの説明が必要です。

質問が与える影響を考慮すると、質問のタイミングは重要になります。そして、このように**議員に依頼することもあるからこそ、普段から議員と信頼関係を構築しておくことが大切**です。関係が悪いと、依頼しても断られてしまいますし、「それならば、逆に根掘り葉掘り質問してやれ」ということにもなりかねません。

5 本会議質問の内容を変更してほしいとき

×

その質問では困ります

←

○

○○という視点からの質問はいかがでしょうか

ここがポイント！

変更してもらいたい理由を述べたうえで、具体的な質問の方向性を明示する。

自分の担当業務についての質問があることを把握しており、その内容について議員とやり取りする中で、「質問の内容を変更してもらいたい」と思うときがあります。

例えば、①本会議で、その議員よりも先に質問する議員がいて、質問が重なってしまう、②既存の内容よりも、現在話題になっている内容について質問をしてもらいたい、③他に積極的な答弁が可能な内容があるなどの場合です。

こうした場合、いきなり「その質問では困ります」と言ってしまうのはNGです。

議員自身も考えたうえで質問の内容を決めていますので、真正面から否定されると、良い気持ちにはなりません。**「実は、同じ質問を先にする方がいて、質問が重なってしまうのです」「今、それを質問されても、あまり良い答弁ができません」**など、その質問が適切でない理由を示したうえで、「○○という視点からの質問はいかがでしょうか」と具体的な代替案を明示しましょう。

また、「現在は、○○について住民の関心が高まっていますので、△△との質問のほうが、時宜を得ているかと思います」「○○はどうかと聞いていただいたほうが、□□との答弁が可能となるので、良いかと思います」などと提案することもあります。

ちなみに、自分の担当業務への質問を止めさせるために、「この質問よりも、○○のほうが良いですよ」などと言って、他の課への質問に変えさせようとする管理職がいます。

しかし、これが判明すると管理職の中で浮いてしまいますので、ご注意を。

6 本会議質問の内容に問題があるとき

×

この質問には問題があります

←

○

この質問は会派として確認していますか

ここがポイント！

議員個人が考えた質問に問題があるときは、会派として確認されていない場合がある。

自分の担当業務について質問があるとわかっていて、内容について議員とやり取りする中で、「その質問の内容には問題がある」と思うときがあります。「質問の内容に事実誤認がある」「不適切な表現が用いられている」などの場合もありますが、それらはその場で指摘すれば済みます。しかし、**「与党議員にもかかわらず野党会派と同じ主張をしている」「質問の内容が所属会派の意見と異なっている」などの場合、慎重な対応が必要**です。

一般的に、議会内では複数の議員による会派が構成されています（一人会派もあります）。このような場合、たとえ質問を議員個人で考えたとしても、最終的には質問内容が会派として妥当かどうかのチェックが行われます。

この会派のチェックを受ける前の場合、議員の質問の内容に冒頭で述べたような問題を抱えていることがあるのです。取材によって、問題があったり、問題が生じるおそれがあったりする場合は、単に「この質問には問題があります」と否定するのでなく、「この質問は会派として確認していますか」と伝えたほうがよいでしょう。**この一言で、議員としては「問題のある質問なのかな」と気付いてくれるはず**です。

場合によっては、「この質問は〇〇会派と同じ主張ですが、大丈夫でしょうか」「以前、同じ会派の△△議員は◇◇と述べており、それとは異なるようですが、問題ありませんか」と具体的に説明してもよいでしょう。

7 本会議質問の内容をなかなか教えてもらえないとき

×

質問を教えてもらえないと困ります

←

○

質問の方向性だけでも教えてくれませんか

ここがポイント！

議員と会話をしながら、質問項目を引き出す。

本会議での質問の場合、一般的に、議員は質問の内容を事前に通告し、その後、本会議場で実際に質問を行います。このため、質問通告があれば、管理職は議員に取材に行くことになります。しかし、通告はあくまで通告であり、その時点で質問のすべてが決まっているわけではありません。

質問の通告として、どの程度の内容を書くかは議会ごとにルールがあります。例えば、「環境施策について」のような大雑把な通告となっている場合、これだけでは答弁を作成できません。そこで、取材を行い、①ごみの収集日を変更すべき、②たばこのポイ捨て防止に対してさらなる啓発を行うべき、③環境ボランティア団体への補助金の引上げをすべきといった具体的な質問項目を聞き出すわけです。

しかし、議員によっては、通告時点では具体的な質問項目が決まっておらず、取材に行っても教えてくれないことがあります。こうした際、「質問を教えてくれないと困ります」と本音をそのまま伝えてしまうのは、よくありません。実際に質問が決まっていないこともありますし、いつの時点で具体的な質問項目を明確にするかについて、ルールがないことがほとんどだからです。

こうした場合は、「質問の方向性だけでも教えてくれませんか」と伝え、質問を探ります。**一刻も早く知りたい気持ちを抑えて、議員と会話する中で質問を探っていく**のです。こうした会話によって、不確定だった質問が固まっていくことは少なくありません。

8 本会議質問の内容を作成してほしいと依頼されたとき

×

そんなことできません

←

○

何かお聞きになりたいことはありますか

ここがポイント！

議員の意向を確かめたうえで、質問を作成する。

議員が質問を考えて、それに対して行政が答えるのが、質問と答弁の本来の姿です。

しかし、実際には、「何か質問を作ってくれ」と管理職に質問作成を依頼する議員もいます。まだ経験が少ない管理職であれば、「本当にそんなことがあるのか」と思うかもしれませんし、実際にそのように依頼されたら「そんなことできません」と言ってしまうかもしれません。しかし、議員が質問作成を依頼することの是非については、本書の目的ではないため割愛しますが、この依頼を断るのはNGです。なぜなら、**議員と行政は、持ちつ持たれつの関係**だからです。また、後述しますが、行政側から議員に質問を依頼することもあるからです。

議員が質問作成を依頼する理由としては、「どうしても自分で調べる時間がない」「会派の都合で、この分野の質問をしなければならないが、今ひとつよくわからない」といったものがあります。質問全文でなく、質問のヒントが欲しいと言われることもあります。

こうした依頼に応える際は、**第三者の目から見てもおかしくない質問であることが必要**です。「あまりに質問の内容が細かすぎる」「あの議員が、そのような質問をするのはおかしい」「質問の表現があまりに役所的」と思われてしまうようなものはNGです。また、**「何かお聞きになりたいことはありますか」と議員の意向（質問の視点や内容など）をふまえることも重要**です。丸投げで質問作成を依頼されることもありますが、意向をふまえずに質問を作成すると、後になって「このような質問では困る」ということになりかねません。

9 本会議で特定の質問を依頼するとき

×

この質問をしてください

←

○

質問をお願いしたいのですが

ここがポイント！

上司と十分調整したうえで、議員に質問を依頼する。

前項とは反対に、行政が議員に対して質問を依頼する場合もあります。依頼する理由は、行政として対外的にアピールしたいことがある場合がほとんどです。具体的には、**①新規事業の提案、②新たな方針の決定や態度表明、③首長の出馬表明、④不祥事に対する謝罪**などがあります。

①の場合、これまで関係部署だけで内々に検討していたのであれば、そのことを知らない議員が質問することはありません。行政としては、首長の記者会見、予算案発表などのタイミングで公表することもできます。しかし、議員の質問への答弁という形で発表したいこともあるのです。③についても、一般的には議員の質問に対する答弁という形で発表されることが多いです。ただし、この場合、首長と議員との間で調整されていることもあります。

このように議員に質問を依頼する際に、いきなり「この質問をしてください」では、唐突すぎて議員も困ってしまいます。あくまで、**「質問をお願いしたいのですが」と切り出し、まずは質問を依頼する理由について説明する**必要があります。議員もこうした状況を理解していますので、特別な理由がないかぎり、拒絶することはありません。

なお、議員に質問を依頼する場合は、部長や首脳部などの上司と十分調整する必要があります。**「いつ、どこで、誰に質問してもらうか」などを決める必要がある**からです。

自分の課の事業化などのために、担当課長が独断で議員に依頼することは、全庁的な視点で考えると問題があります。

10 本会議答弁の内容変更を求められたとき

×

この答弁しかありません

↓

○

上司と相談してまいります

ここがポイント！

すぐにその場で拒絶するのでなく、いったん持ち帰る。

議員に質問の取材をして質問項目の確認ができれば、「答弁の内容は○○のようになります」と大まかな答弁の内容を述べることになります。このとき、「そのような消極的な答弁でなく、もっと前向きな内容に変えてほしい」「それではありきたりだ。もっと積極的で、踏み込んだ答弁をしてほしい」などと、議員から答弁の内容を変更するように求められるときがあります。

当然のことながら、答弁の内容は、管理職個人で決められるものではありません。先の「答弁の内容は○○のようになります」との大まかな答弁の内容も、個人的な考えでなく、全庁的視点やこれまでの答弁をふまえて答えているはずです。このため、**いくら議員から依頼があったとしても、簡単に変更することはできないのが一般的**です。

ただ、こうした際にすぐに「この答弁しかありません」と拒絶するのは得策ではありません。なぜなら、変更を依頼したその場で、**すぐに「この答弁しかありません」では、議員の顔もつぶれてしまいますし、あまりに短絡的**です。

このような場合は、いったん「上司と相談してまいります」と述べて持ち帰り、表現や言いまわしを変えるなどして、工夫できないかを検討します。検討の結果、やはり困難な場合には、後日、「上司と相談してまいりましたが、やはり厳しいです」と説明しましょう。前回の取材から、時間も経過していますので、議員も改めて答弁を見直すはずです。なお、どうしても理解が得られない場合は、上司に同席してもらうのも一つの方法です。

11 庁内調整後の本会議答弁の内容に納得できないと言われたとき

×

答弁は変更できません

←

○

すでに首長も確認しています

ここがポイント！

首長も確認している答弁であることを理解してもらい、答弁に納得してもらう。

本会議質問の場合、実際の質問前に、すでに議員の手元に答弁が渡っていることがあります。質問の通告後、質問全文が行政に渡され、それを元に答弁が作成されるため、質問前には答弁が完成しており、それが議員に渡されているわけです。

このように議員に答弁を渡したとき、その答弁を見た議員から「この答弁内容では、納得できない」と言われることがあります。これまでも述べたように、質問を取材した際に、大まかな答弁の内容を伝えていますので、一般的にはこのような事態は発生しないはずです。しかし、**「大まかな答弁の内容を伝えていない」「伝えていた内容と実際の答弁が違っている」**となると、こうしたトラブルが発生してしまいます。

本会議の答弁であれば、通常は担当課長が答弁案を作成し、部長や首長などの首脳部がその内容を確認・修正します。このため、「答弁は変更できません」と言ってしまいがちですが、これはNGです。「すでに首長も確認しています」と説明し、全庁的な調整の後に出来上がった答弁だということを理解してもらいましょう。議員としては不満が残るかもしれません。しかし、首長確認の後では答弁を変更できませんので、納得してもらうしかありません。場合によっては、部長に同席してもらうことも必要かもしれません。

そもそも議員とのやりとりの中で、確実に答弁内容を伝えていれば、このようなことは起きなかったはずです。**トラブルを避けるためにも、管理職は議員と意思の疎通を図ることが重要**です。

12 委員会で質問するのかを確認したいとき

×

何か質問しますか

←

○

何か疑問点などはありますか

ここがポイント！

委員会の開催通知等が届いた頃を見計らって、議員視点で確認する。

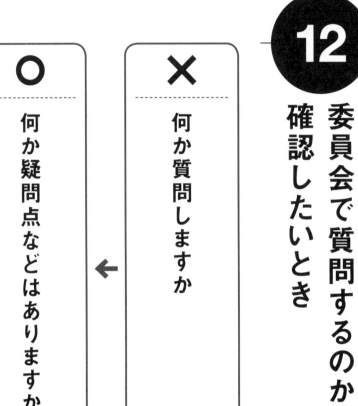

委員会では、多くの場合、本会議と異なり質問通告の制度がありません（予算委員会など、限られた委員会だけ制度を導入しているような例もあります）。こうした場合、委員会ではそもそも議員（委員）が質問するかどうかは、その場になってみないとわかりません。

議員としては、あらかじめ「これを質問しよう」と準備していることもありますし、委員会当日の審議の状況に影響されて質問することもあります。また、質問に限らず、行政への要望や自分の意見などを述べることも当然あります。

委員会に出席する管理職にとっては、「自分への質問があるのか」は大いに気になるところです。委員会の議題に、自分に関係する案件がなければ、基本的に質問されることはないと考えられます。しかし、議案や報告案件等があれば、当然、何かしらの質問があるのが一般的です。**問題なく委員会を終わらせるためには、質問の内容を委員会前に把握しておくことは大事**なのです。

このため、議員に対して「何か質問しますか」と聞いてしまいがちですが、これはやはり自分視点の言い方になってしまいます。委員会の開催通知や委員会資料が議員に届いた頃を見計らって、「何か疑問点などはありますか」と尋ねるほうが議員視点の言い方になります。

場合によっては、**委員会前に自分に関係する案件を一通り説明しておくことも有効**です。事前に説明すれば、委員会当日に質問しなくなるかもしれませんし、議員も疑問に感じた点や意見をその場で言ってくれるので、当日の質問の予想にもつながるからです。

13 委員会での質問の内容を確認したいとき

×

質問は何ですか

←

○

どのような質問をお考えですか

ここがポイント！

「質問は何ですか」では、複数ある質問の一つしか聞き出せないおそれがある。

委員会で議員が質問することが判明したら、管理職は質問の内容を確認します。単に「保育料の改定によって、どの程度の値上げになるのか」「○○橋の架替工事について、住民への周知はどのように行うのか」など、一問一答で済むものであれば、事前の取材時であれ、委員会当日であれ、その内容を説明すれば事足ります。

しかし、質問によっては、「現状を確認した後に、今後の予定について質問する」「まず過去の経緯を聞いた後に、事業の実施効果を尋ねる」など、複数回の質問を前提にしている場合もあります。このように、**行政としては議員の質問の流れ全体を把握しておく必要があります。**

例えば、学校の統廃合に関する条例案があったとします。この場合、質問として、「廃止される学校の児童数の推移はどうだったのか」「その学校を廃止すると決定した理由とその過程はどのようなものか」をそれぞれ一問一答の形式で説明します。その後、「統廃合はやむをえない」と条例案に賛意を示したうえで、行政に対して「地域住民に対して、丁寧な説明を行ってほしい」などの要望を述べることがあります。

行政側としては、このような質問の流れ全体を把握したいのです。このため、**単に「質問は何ですか」と話すと、「児童数の推移かな」と質問項目の一つしか聞き出すことができないおそれがあります。**このため、「どのような質問をお考えですか」と、質問全体に着目させるような言い方のほうが適切なのです。

14 委員会で特定の質問を依頼するとき

×

この質問をしてください

←

○

質問をお願いしたいのですが

ここがポイント！

本会議質問の依頼と同様に、事前に上司と調整する。

本会議同様、委員会でも、行政側から議員に対して質問を依頼することがあります。

本会議の場合は、基本的には首長答弁のために依頼することが多いのですが、委員会の場合は、答弁するのは首長だけとは限りません。答弁者が部長、課長などの場合もあります。また、依頼する内容は、大きく次の三つがあります。

一つめは、新規事業の提案です。「防災バッグを全戸配布したらどうか」などの質問をしてもらうことで、行政としても事業の妥当性を訴えることができます。このため、**実際には行政内部で検討しているものの、議員からの質問に答えたという形を取る**のです。

二つめは、提案した議案や報告案件のメリットの強調です。「議案にある新たな減免制度を設けた場合、実際に保育料はどの程度安くなるのか」というような質問をしてもらうことで、**恩恵を受けることができる住民のメリットを強調する**ことができます。

三つめは、複数の会派から同じような質問が想定される場合に、あらかじめ行政側が質問内容の会派間調整を行うような場合です。「まず、第一党が決算に対する評価について質問しますので、二番目となる○○会派には、決算と行政評価の質問をお願いしたいのですが」などとなります。

なお、依頼する場合、本会議同様、「この質問をしてください」では唐突ですので、「質問をお願いしたいのですが」が妥当です。また、なぜこの質問を依頼するのかの説明も、当然行いますし、事前に上司との調整も必要です。

15 委員会での質問の内容を教えてくれないとき

×

どのような質問をお考えですか

←

○

何か質問のヒントでもいただけないでしょうか

ここがポイント！

粘り強く対応すれば、教えてくれることもある。

野党議員の場合、委員会前に取材に行っても、質問の内容を教えてくれないことがあります。なぜなら、野党会派は、基本的に首長とは対立の関係にあるため、行政側から提出された議案には反対の立場を取ることが多いからです。このため、議案に対していろいろな視点から質問してきます。また、行政側からの報告案件のようなものであっても、根掘り葉掘り質問して、その不備などを指摘しようとします。

このように、あくまで行政を追及するのが基本姿勢ですから、**わざわざ事前に手の内は明かさない**のです。このため、「⓭委員会での質問の内容を確認したいとき」（102頁）の適切な言い方である「どのような質問をお考えですか」と聞いても、「この議案の提案理由かな」などと当たり前のことを言ったり、「特に決まっていない」とはぐらかされたりしてしまうのです。

管理職としては、十分勉強して委員会に臨むことが基本姿勢となります。聞いても教えてくれないのですから、自分で勉強するしかないのです。ただ、**「何か質問のヒントでもいただけないでしょうか」と粘り強く対応すれば、ほんの少しのヒントでも教えてくれるかもしれません。**しかし、教えてくれたとしても、実際には全く別の質問をされるということもあります（実際に、私は何回も経験しました）。

行政側と野党会派との関係は、自治体によって異なるので、この内容は少々極端かもしれません。たとえ野党議員であっても、信頼関係が大事なはずなのですが……。

16 委員会で消極的な答弁しかできない質問がされそうなとき

×

そのような質問は困ります

←

○

積極的な答弁は困難です

ここがポイント！

消極的な答弁でも構わないこともあり、事前にそのことを伝えることが大事。

委員会前の取材で質問の内容がわかれば、本会議同様、答弁の大まかな内容を議員に伝えます。やはり、委員会でも、**議員はどのような答弁になるのかは気になりますので、議員との無用なトラブルを避けるためにも、答弁内容を事前に伝えておくことが望ましい**でしょう。

また、委員会でも、質問に対して消極的な答弁しかできないことがあります。例えば、「高齢者の介護予防のため、健康づくりに関する啓発冊子を作成したらどうか」という質問があったとします。しかし、行政としては、すでにある高齢者ハンドブックの中に、そうした内容が含まれているので、わざわざそうした啓発冊子を作成する必要はないと考えています。そのため、質問に対しては消極的な答弁しかできません。こうした際に「そのような質問は困ります」と、取材時に議員の質問を否定してしまいがちですが、それはNGです。

議員の質問を否定するのではなく、「積極的な答弁は困難です」という事実を伝えれば十分です。**そもそも、議員は自分の質問に対して、常に満足のいく答弁が返ってくるとは考えていません。**また、支持者や事業者などから頼まれ、仕方なく質問していることもあります。このため、**消極的な答弁でもかまわないこともある**のです。議員にとって大事なのは、どんな答弁なのか、事前にわかっていること。どうしても積極的な答弁がほしい場合は、行政側と調整します。

なお、こうしたやりとりをするのは、基本的に与党議員です。基本的に行政と対立関係にある野党議員との場合は行いません。

17 委員会に付託された議案の賛否を確認したいとき

×

○○議員は、
この議案に賛成ですか

←

○

この議案に対する賛否は
決まっていますか

ここがポイント！

議案の賛否は、議員個人の考えでなく、会派の意思で決まる。

議案は、最終的には本会議で採決されますが、その前に委員会でも同様に採決されます。実際には、行政が提案した議案が本会議で否決されることは、あまり多くありませんが、委員会で反対の意思表示をする議員はもちろんいます。**一般的には、野党議員の場合が多いのですが、職員の給与条例などの場合は、首長に近い会派の議員であっても反対することがあります。**

議案に対する賛否が拮抗している場合、管理職が議員に対して、事前に議案に対する意思を確認することがあります。**場合によっては、会派を構成しない少数の議員の賛否が、議案の議決に影響を与えることもある**のです。

ちなみに、議案の賛否については、どの議員も委員会前に態度を決めています。なぜなら、議案の賛否はその委員会に属する議員の考えでなく、会派としての意思で決まるからです。そのため、「○○議員は、この議案に賛成ですか」という言い方は、議員からすると違和感があるのです（一人会派の場合は除きます）。そこで、妥当なのは、「この議案に対する賛否は決まっていますか」という聞き方です。

議会の多数派が、首長を支持する与党系であれば、行政が提出する議案でもめることは、あまりありません。しかし、議会の多数派と首長が対立関係にある場合には、議案が否決されたり、決算が認定されなかったりすることが、実際にあります。こうしたとき、首長と議会との間で奔走する管理職は、とても苦労するらしいのですが……。

18 委員会に付託された請願・陳情の賛否を確認したいとき

×

○○議員は、
この請願（陳情）に賛成ですか

←

○

この請願（陳情）に対する賛否は
決まっていますか

ここがポイント！

請願・陳情への賛否も、議員個人の考えでなく、会派の意思で決まる。

委員会では、議案や行政側からの報告案件などの他に、住民から提出された請願や陳情の審査があります。なお、請願には議員の紹介が必要で、陳情では必要ありません。

委員会における請願や陳情の取扱いは、議会によって異なります。請願のみ委員会に付託し、陳情は付託しない場合もあります。この請願や陳情について、委員会では採択・不採択などの意思を決定します。もちろん、一回の委員会で決まるとは限らず、複数回の審議を経ることもあります。この採択・不採択の意思は、場合によっては行政側に影響を与えることがあります。

例えば、「学童保育料の減免制度を設けてほしい」との請願が委員会で採択され、本会議でも同様の議決がされれば、行政側はそれを放置することはできないため、減免の制度設計に着手しなければなりません。このように、**請願・陳情の審査結果が行政に影響を与えることがあるため、請願・陳情の内容によっては、行政側が議会側の意思を確認することもある**のです。

請願・陳情に対する意思についても、議員個人の考えではなく、会派の意思で決まります。このため、一人会派の場合を除き、「○○議員は、この請願（陳情）に賛成ですか」ではなく、「この請願（陳情）に対する賛否は決まっていますか」という言い方が適切です。なお、議会は行政側の調整や思惑とは別に、会派間だけで採択・不採択の調整を行うこともあります。本会議での採択・不採択は、議会としての重要な意思決定であり、会派の利害関係などもあることから、多数派工作を行うことがあるのです。

19 委員会当日に質問の内容を再確認するとき

×
質問に変更はありますか

←

○
前に伺った○○という質問に変更はありませんか

ここがポイント！
事前取材時に聞き取った質問を示して、質問に変更がないかを再確認する。

委員会での答弁を確実なものにするため、委員会当日に質問を再確認することがあります。

すでに議員との間で十分な調整ができていれば、その必要はありませんが、**「事前の取材だけではやや不安がある」「○○議員は、いつもギリギリまで質問の内容が決まらない」「念のため、もう一度確認をしておきたい」などの場合は、当日に再度確認したほうが無難**です。

実際に、議員は忙しい方が多いため、委員会当日まで質問内容が確定しないことがよくあります。念のためと思って、委員会当日に確認に行ったところ、実は事前取材の質問内容と全く変わっていたということもあります（議員が、質問の内容を変更したことを、わざわざ行政側に連絡してくれるとは限りません）。もちろん、事前取材で、基本的な内容しか質問しないことが判明しており、委員会当日にわざわざ確認するほどでもないというケースもよくあります。

再確認の際に、管理職がよく口にするのが、「質問に変更はありますか」という聞き方です。

しかし、この聞き方は危険です。なぜなら、**事前取材から委員会当日までの間に時間があると議員が勘違いしてしまっていることがある**からです。

このため、「前に伺った○○という質問に変更はありませんか」と、具体的な質問内容を示して尋ねたほうが安全です。ちなみに、事前取材で質問を教えてくれない野党議員の場合であっても、委員会当日であれば、意外に教えてくれることもあります。委員会当日のため、議員本人が質問態勢になっているからかもしれません。

20 委員会当日までに会派間での調整を依頼したいとき

×

○○してください

←

○

○○という課題があります

ここがポイント！

請願・陳情を不採択にするためなど、会派間の調整を依頼することがある。

事前取材の際に、議員に対して、委員会当日までに他会派との調整を依頼することがあります。これは、簡単に言えば、**行政から多数派工作を依頼する**ということです。

例えば、特定の請願・陳情について「不採択にしてほしい」と考えるときがあります。請願・陳情の内容が、行政の施策とは正反対で、委員会で審議されても有益とはならない場合などです。

一般的に、議案であれば、委員会審議の後に本会議で採決するため、委員会でも各会派の議員は賛否を明確に意思表示します。このため、議案が可決するか不透明であるような微妙な状況の場合は、議員は自然と会派間で話し合いを行うことがあります。

しかし、請願・陳情の場合は、必ずしもその委員会当日に採択・不採択を決定するとは限らず、審議が継続されることがあります。このため、言い方は悪いのですが、**そのまま塩漬けになってしまい、常に委員会の議題として残ってしまう可能性がある**のです。そこで、行政側から議員に依頼して、不採択へと動いてもらうのです。

このとき、直接「この請願を不採択にしてください」とは言えません。**採択・不採択を決めるのは議会ですから、行政が依頼するのはおかしい**のです。このため、「このままだと、委員会の議題として残ってしまうという課題があります」のような言い方が妥当です。

なお、会派間調整を依頼するのは、請願・陳情だけではなく、報告案件への態度表明、同じ質問の重複を避けるための質問者の調整などもあります。

第3章

議員個人への対応編

1 業者の活用を依頼されたとき

×

そんなことできません

←

○

持ち帰って検討します

ここがポイント！

業者同席の場で断ってしまうと、
議員の立場がなくなってしまう。

管理職が議員に呼び出されて、業者を紹介されることはよくあることです。例えば、防災備蓄する保存食料や工具等を斡旋する業者を紹介され、物資を購入するように求められたり、自分の課に関係する行政計画の策定に伴い、特定のコンサルティング会社の活用を依頼されたり。また、保育園を運営する事業者を公募したところ、議員と懇意の社会福祉法人の理事長との面会を依頼されたり。こうしたケースは、管理職であれば一度は経験するでしょう。

議員からの依頼は、管理職としては断りづらいものです。「そんなことできません」とすぐに断ってしまっては、議員としても立場がありません。もし、業者も同席していたら、議員の顔に泥を塗ることになります。そこで、まずは「持ち帰って検討します」と引き取るのが正解です。

もちろん、本当に必要・妥当であれば活用してもかまいません（ただし、その場合でも課内での決定過程を残しておきます）。「議員に依頼されたから活用した」だけでは、後々問題になってしまいます。それは、仮にマスコミ報道などはされなくても、他の議員の目があるからです。

業者との関係は、常に議員が注目しています。このため、**「○○議員の口利きで、△△課が◇◇社を活用した」といった噂が広まってしまう**こともあります。

また、実は口利きした議員自身も、**とにかく行政へ紹介だけすればよく、本当にその業者を活用してほしいとは思っていない**こともあります。なお、プロポーザル方式や入札などの場合は、正規の手続きに従って参加してもらい、そのうえでルールに沿って選定を行います。

2 団体への援助を求められたとき

×

おそらく大丈夫だと思います

←

○

上司とも相談します

ここがポイント！

公益団体の活動であっても、その場で安易に返答せず、上司と相談する。

議員からは、特定の団体への援助を求められることもあります。例えば、子どもに読み聞かせを行うNPO団体があり、市立図書館で定期的に活動ができるようにしてほしいと依頼されたり、経済団体が金融教育に関する講演を行いたいので、市民まつりのイベントの一つに加えてほしいと求められたり。環境ボランティア団体が行っているまちの美化活動について、庁舎のPRコーナーでその活動内容を紹介してほしいと依頼されたり。

こうした場合も、**必要性や妥当性で判断する**こととなります。管理職としては、議員からの依頼ということもあり、むげに断るのは難しいところです。しかし、安易に活用しては、「なぜ、役所がその団体を活用することになったのか」と追及されてしまいます。それに対して、単に「○○議員に頼まれたから」では答えになりません。**その活動が公益になることはもちろんのこと、「なぜその団体を選んだのか」についても、説明できるようにしておかなくてはなりません。**

企業などの営利団体とは異なるために、こうした議員の依頼に対して「おそらく大丈夫だと思います」と安易に返答してしまう管理職がいますが、これは絶対にNGです。あくまで行政として活用するのですから、十分な検討が必要です。このため、「上司とも相談します」と持ち帰り、そのうえで十分な検討を行います。

公益団体の活用は、企業とは異なる面もあります。しかし、その団体が特定の政党とつながっており、実は首長と対立関係にある……ということもありますので、注意が必要です。

3 住民からの要望を一緒に聞いてほしいと依頼されたとき

×

そんなことできません

←

○

○日と△日ならば可能です

ここがポイント！

その議員の手には負えない状況になっていることを理解して、対応する。

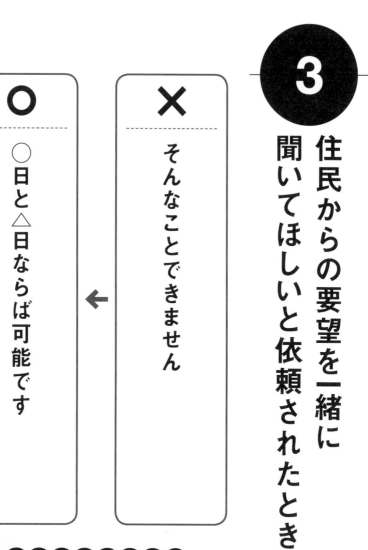

議員から、「知り合いで、困っている人がいる。私も同席するので、一緒に相談にのってほしい」などと依頼されるときがあります。こうした場合、①その管理職の権限に属する事項の内容で、②「知り合い」とはおそらく支持者（またはそれに近い人）であり、③現在、その議員の手には負えない状況になっているというケースが多いかと思います。

①は、すでに担当窓口で相談したものの、解決できなかった（例えば、給付金の申請に行ったが対象外と言われた）ことなどが想定されます。②は、議員がわざわざ担当課長などに連絡してくるということは、「知り合い」は、議員とは特別の関係にあると思われます。さらに、③も、そもそも解決していれば連絡してきませんから、議員としても困っていることがわかります。

これは、**確かに議員の口利きではあるのですが、住民が困っていることには間違いない**ため、議員の依頼に対して「そんなことできません」と断るのは、もちろんNGです。「○日と△日ならば可能です」と言って、**複数の日程を示し、スケジュール調整を議員に依頼します。そのうえで、通常の対応をすればよい**わけです。

こうした場合、議員の口利きだからと言って、何か特別の対応が必要だと考えるかもしれませんが、それは不要です（もちろん、法的な問題などがなく、配慮できることがあれば、対応してもかまいません）。対応できない場合は、はっきりと理由を述べて断ってOKです。

ちなみに、課長で解決できなかった場合、部長に相談することもあります。

4 支持者を対象に講演してほしいと依頼されたとき

×

議員の個別のご依頼には応じられません

←

○

それはどのような趣旨で開催されるのですか

ここがポイント！

あくまで地域住民に対する講演という形を取る。

議員は、支持者を集めて、定期的に自分の活動報告会などを開催します。活動報告の内容としては、①議会における質問（本会議・委員会とも）と答弁の紹介、②消防団や自治会などの地域活動、③他自治体の視察など、所属する委員会や会派の活動、④現在話題となっている市政の紹介などがあります。

このような活動報告会で、支持者向けに講演や講話、事業説明などを行ってほしいと依頼されることがあります。例えば、「介護保険制度について」「○○地区における防災対策」「マイナンバーカードについて」のように、担当する事業に関するものです。

依頼された管理職は、「特定の議員からの依頼に応じてはまずいのではないか」と考え、「議員の個別のご依頼には応じられません」と言ってしまいがちです。しかし、**議員の支持者とはいえ、基本的には地域住民に対して行う講演等と変わらないため、依頼を受けてもかまいません。**ただし、「それはどのような趣旨で開催されるのですか」と、**開催の趣旨等を確認しておき、また、念のため、部長などの上司にも相談したほうがよい**でしょう。

もしも、「△△議員を市の○○課長も支持しており、わざわざ活動報告会に来て講演をしてくれた」といった案内をされては、後で問題になってしまいます。**「△△議員を応援する」のではなく、あくまで「地域住民に対する講演」という形でないとまずい**わけです。なお、活動報告会後に飲食を伴う懇親会への出席を求められたときは、辞退しておいたほうが無難です。

5 国会議員や県議会議員の依頼に対応してほしいと言われたとき

×

忙しいので、対応できません

←

○

スケジュール調整ができれば可能です

ここがポイント！

「国会議員などはあまり接触しないから、断ってもよい」とは考えない。

政党に所属する市区町村議会議員の場合、同じ政党に所属する国会議員や都道府県議会議員からいろいろと依頼されることがあります。

例えば、「○○さんの子どもが、◇◇保育園を申し込んでいるが、入園できるのかを確認したい」「障害福祉サービスを申し込んだ△△さんが、利用できないと市に言われたらしいので、その理由を確認してほしい」などです。

つまり、市区町村の事務に関連することを、国会議員などが地域住民から依頼されたので、市区町村議会議員を通じて、担当課長に確認するということです。こうしたことは、**別に何か特別扱いするわけではありませんので、一般の議員への対応と何ら変わることはありません。**

よくある依頼としては、「国会議員などが市の施設を視察したいので、その案内をしてほしい」というものです。こうした視察対応は意外に大変であり、また国会議員などは頻繁に接触するわけではないので、つい「忙しいので、対応できません」と断ってしまいがちです。

しかし、安易に拒絶するのは、考えものです。間に入っている議員も、無理をお願いしているのは十分に理解しています。それにもかかわらず、**安易に拒絶されると、その管理職に対して良い感情を抱かない**でしょう。議員との今後の関係を考えると、「スケジュール調整ができれば可能です」と回答するのが妥当です。ただ、施設が完成したばかりで、視察依頼が殺到するようなことも実際にはありますので、現実的に判断することも当然大事になります。

6 すぐに資料がほしいと言われたとき

×
なるべく早くお持ちします

○
○日までにお持ちします

ここがポイント！

具体的な日程を明示しないと、両者の認識が違っていることがある。

議員から「すぐに資料がほしい」と言われるときがあります。

自分の勉強のためということもありますが、多くは本会議や委員会で質問するためです。そのため、時間的に余裕のない中で資料を要求してくることが多いのですが、こうしたときにトラブルを招くのが、行政側が「なるべく早くお持ちします」と答えてしまうことです。

いわゆる「なるはや」（なるべく早く）問題ですが、これは話し手と聞き手の間で、解釈が異なってしまうことが多々あるのです。**資料を要求した議員は「今日中にほしい。遅くても、明日の午前中までに」のつもりなのですが、要求された管理職は「二、三日後くらいかな」と考えているかもしれません。**こうした誤解を避けるため、「○日までにお持ちします」と明確に日程を明示して答えておくべきです。こうしたことは、仕事を進める中では、当たり前のことなのですが、議員に対しては特に注意すべきです。

また、議員に資料を渡したにもかかわらず、議員から「資料をもらっていない」と言われてしまうトラブルもよくあります。これも、管理職としては自衛策を講じておく必要があります。

具体的には、**①資料には必ず配付日を記入する、②議員に配付した資料はすべてファイルに収納しておく、③いつ、誰に、どの資料を渡したのかを記録しておく**などを行っておくとよいでしょう。このようにすれば、「資料をもらっていない」と言われても、「こちらでは、○日にお渡したとの記録が残っています」と抗弁できます。

7 過大な資料要求があったとき

×
できません

↓

○
既存資料でご理解ください

ここがポイント！

自分が異動した後、後任者がその資料要求に応えるべき内容なのかを考えて判断する。

議員からの資料要求は、管理職にとっては日常茶飯事です。

このとき、既存資料や、一部内容を修正すればよいものであれば、特に問題はありません。しかし、要求されても困る資料があります。それは、別途調査しないとわからない内容であったり、過去の古い資料を引っ張りだしてまとめたりする資料です。こうした場合、安請け合いしてしまうと、大変です。その資料を作成するまでに、かなりの時間を要するからです。

実際に私が経験したのは、教育委員会在籍中に、すべての学校に調査しないとわからない保健室の備品に関する資料でした。しかし、わざわざそのためだけに全学校に調査をすれば、教育委員会にとっても学校にとっても、相当な労力になります。また、その調査をすることに、本当に意味があるのかも疑問に感じました。このため、教育委員会や学校の負担なども説明したうえで、「既存資料でご理解ください」と、ある学校の備品一覧のようなものを示し、了承してもらいました。もし、**「できません」と即座に拒否していたら、トラブルに発展していたかもしれません。**

この資料要求にどこまで応えるかは、難しい判断だと思います。「議員からの依頼だから」と何でも引き受けてしまうと、部下にも過重な負担を強いてしまいます。

また、依頼に応えれば、自分が異動した後に着任した課長も対応することになります。それでもよいのかが、依頼を受けるか受けないかの判断基準だと思います。**「前の課長は、資料を作成してくれたのに、なぜ作成してくれないのか」と後任が言われてしまう可能性がある**からです。

8 口外できないことへの説明を求められたとき

×
言えません

↓

○
いずれ時期が来ましたら

ここがポイント！

真正面から拒絶するのでなく、言葉を濁して意図を汲んでもらう。

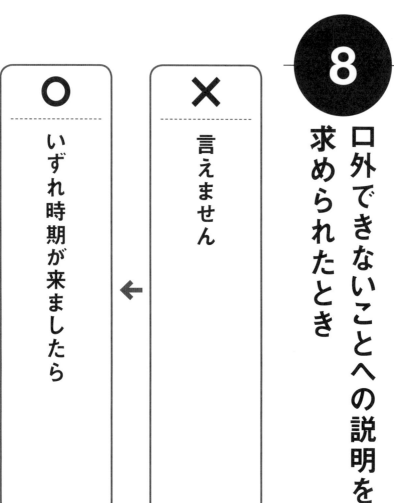

議員は、管理職からさまざまな情報を引き出そうとします。他の議員よりも、少しでも早く情報を得ていれば、地元や議会活動でも有益だからです。

例えば、市内のある地区に保育園の整備計画があり、行政としては、首長が新年度予算案をプレス発表する際に、その内容を明らかにする予定だとします。その計画をたまたま知った議員が、具体的な地区が不明だと、「その場所を教えてくれ」と執拗に保育課長を問い詰めるような例です。

議員としては、「私は、待機児童問題を取り上げ、市に保育園の整備を求めてきた。その結果、ようやく地元の○○地区に保育園が整備されることになった」と、まるで自分の成果のようにアピールしたいという心理が働くのでしょう。**同じ地盤の他の議員よりも、少しでも早くそれを訴えたいと考え、いち早く情報を知りたがる**のです。

こうしたとき、情報が洩れてしまっては、プレス発表が台無しになってしまうため、「言えません」と頑なに拒絶してしまいがちです。しかし、真正面から拒絶するのでなく、**「いずれ時期が来ましたら、できるだけ早くご連絡します」のように少し言葉を濁しておいたほうがよい**でしょう。そうすれば、議員も事情を理解してくれる可能性もあります。

もし、本当に知りたければ、首長などにも尋ねますから、課長であれば「議員から聞かれたから、伝えなくては」と無理に対応する必要はありません。反対に伝えてしまい、議員が先のようなアピールをすると、「誰が漏らしたのか」と犯人捜しが始まりかねません。

9 無理な要求をされたとき

×

できません

←

○

それは会派としてのご意見ですか

ここがポイント！

「会派としての意見であれば、組織的に対応する」ことを示す。

議員から、無理な要求をされることがあります。どこからが「無理な要求」となるのかは、人によって異なると思いますが、そうした状況になった場合に、どのように対応すべきかを考えてみたいと思います。

かつて教育委員会にいたときの話です。市内のある地区を地盤とするベテラン議員に呼ばれました。そして、その地区にある中学校の施設整備について、他校よりも優先するように依頼されたのです。施設整備は、すべての学校の老朽化の状況に基づいて計画しているので、特定の学校を優遇できるものではありません。しかし、その議員は、**「優先せよ」とゴリ押ししてきた**のです。

今思えば、「よく、あれだけ地域エゴを主張できるなあ」と思いますが、当時は経験も少なかったこともあり、「できません」と突っぱねていました。何度も何度も要求されるたびに、とにかく「できません」と言い続けたのですが、最後はその議員が激高してしまいました。最終的には、部長に間に入ってもらい、何とかその場を収めてもらったものの、やはり、単に「できません」と否定してしまったことで、対決姿勢を招いたと反省しています。

後日、同様のことがあったときは、「それは会派としてのご意見ですか」と切り返しました。これは、**「会派の意見であれば、市も組織的に対応します」ということを示した**のです。これで議員からの圧力も弱まり、結果的に要求を撤回してもらいました。議員も、そうした要求が公になることはまずいと思っているのです。

10 自分の権限を超えることを依頼されたとき

×

首長に言ってください

←

○

それは政治判断です

ここがポイント！

課長や部長に話しても意味がないことを、理解してもらう。

議員からの依頼で、「そんなことを自分に言われても困る」というものがあります。

その一つが、自分の権限を超えることを依頼されることです。

例えば、「国民健康保険料が高すぎる。思い切って、半額にするくらいの判断をしたらどうか」「防災の視点で考えると、現在の庁舎は不安だ。まだ、改築時期ではないが、早急に新庁舎を建設すべきだ」「外国からのミサイル攻撃に備えるため、市は住民が避難できるシェルターをつくるべきだ」のようなものです。

おわかりのとおり、いずれも自治体の課長や部長レベルで決定できる内容ではありません。

基本的には首長が判断すべきものであり、そのすぐ下の副市長でも市長に提言するのは躊躇するような内容です。しかし、議員になったばかりの人だと、課長や部長でも、そのような政策判断ができるものと思ってしまい、真剣に話す方がいるのです。

聞かされた課長や部長としては、内心、「首長に言ってください」と思うのですが、さすがにそうは言えません。**議員によっては、「自分の言ったことを真剣に考えないのか」と、不誠実な対応だと思ってしまう**からです。そのため、「それは政治判断です」と伝えたほうが適切です。**課長や部長の役割や権限を超える話をされても、あまり意味がない**わけです。そうした話ならば、首長に伝えるしかありません。そこで、「政治判断」という言葉を用いて、言外に自分が判断できる範疇にないことを理解してもらうのです。

11

特定の議員から頻繁に要求があるとき

×

何度も何度も困ります

←

○

メールでご連絡ください

ここがポイント！

頻繁な要求もメール対応にすることで、時間を取られないで済むようになる。

議員になったばかりの人の中には、議員と管理職の距離感をまだ十分につかめていない人がいます。このため、議員になりたての頃に、管理職に対して、**①いきなり上から目線の態度を取る、②妙な仲間意識を持ち出す、③自ら壁を作ってコミュニケーションを図ろうとしない**などのタイプの議員が見受けられます。

こうした議員への対応は、少々大変なのですが、ただ、こうした方々も時間の経過とともに、だんだんとその距離感をつかんでくるので、いずれこうした言動はなくなります。

この距離感に関連することとして、特定の議員が資料や事業説明など、頻繁に要求してくる場合があります。これは、その事業への興味・関心もさることながら、言い方は悪いのですが、その課長が相手にしてくれるので、何度も連絡してくるという場合もあります。しかし、頻繁な電話や、呼び出しのたびに真正面から向き合っていては、仕事に支障をきたしてしまいます。

そこで、おすすめなのが、「私も不在にすることが多いので、メールでご連絡ください」などと伝えておくことです。

メールという一手間が加わるので、連絡してくる回数が少しは減るはずです。そして、「ご要望の資料は、○日にお渡しします」などと、すぐに返事をしておけば、その間は、再度メールがくることは、基本的にはなくなります。また、**メールでのやりとりにすることで、後で「言った、言っていない」というトラブルも避けられます。**

12 議員が感情的になったとき

×
怒らないでください

←

○
それは○○ということですか

ここがポイント！

議員の発言をじっくり聞いたうえで、時々その発言を繰り返すことで客観的になってもらう。

前述したように、地域エゴ丸出しで無理な要求をしてくるような議員は、何とかそれを押し通そうとして、感情的になり、机や椅子を叩いたり、罵詈雑言を浴びせたりすることがあります。経験の浅い管理職だと、「そんなこと、本当にあるの？」と思うかもしれませんが、私も実際に何度か経験しました。今は、そんなに激しい議員は多くないかと思いますが、もしこうした事態に直面した場合の対応策をお伝えしておきましょう。

激高している議員を目の前にしてしまうと、驚いて「怒らないでください」と言ってしまいがちです。しかし、それは焼け石に水です。**場合によっては、「怒ってなどいない！」などと、さらにヒートアップしてしまうかもしれません。**

こんなときは、無理に言い返そうとせず、まずは相手の感情が収まるのを待ち、ひたすら聞き役に徹するしかありません。**一刻も早く席を立ちたい気持ちを抑えて、諦めてじっくり腰を据える覚悟が必要です。**

しかし、ただ黙っているだけでは、相手の感情を逆なですることもあるため、時々、「それは○○ということですか」と議員の言うことを確認したり、整理したりします。こうすることで、先の例であれば、自分が無理強いしていることを認識するはずです。無理強いではないときでも、発言を繰り返すことで、議員は少し客観的になります。なお、議員が感情的になっていても、実は満足できる回答を引き出すための演技ということもあるので、注意してください。

13

議員の話が長くてなかなか席を立てないとき

×

もう解放してください

←

○

この後、会議がありますので……

ここがポイント！

話が一段落した頃を見計らって、切り出す。

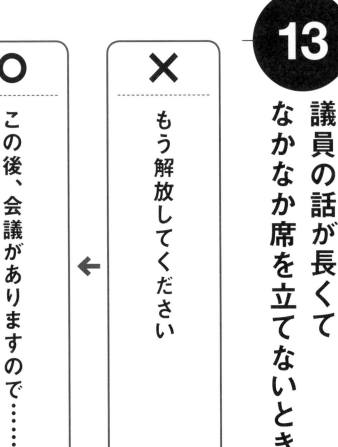

議会には、議員の会派の控室や応接室などがあり、議員から呼び出されると、管理職はそこで話をすることになります。特に、応接室は密室であるため、さまざまな場面で活用されます。

例えば、質問の打ち合わせ、委員会の案件説明、事業に関する質疑応答、住民からの相談への同席、業者の紹介などで活用されます。また、会派間の調整、同じ地盤の議員による協議など、議員同士の打ち合わせにも用いられます。

この応接室で、延々と議員から話を聞かされるということがあります。もともとは、質問の打ち合わせで行ったにもかかわらず、自分の興味ある分野やこれまでの活動について、長々と話し続けられ、なかなか席を立てない状態です。**本音としては「もう解放してください」と言いたいものの、実際に切り出すのは難しい**でしょう。「あっ、嫌がっているな」と露骨に伝わってしまうため、良い言い方とはいえません。

このようなときは、話が一段落したことを見計らって「この後、会議がありますので……」と切り出し、席を立ちます。ただ、議員の話には、管理職にとって魅力的な内容や、議員の人柄がわかるようなこともあり、個人的な関係を作る機会としては有効な面もあります。

また、どうしても話を切り出しにくいタイプもいます。そうした場合、**あらかじめ部下に「二時になっても戻ってこなかったら、応接室に来てくれ」と頼んでおき、「課長、お客様が来ています」と呼び出してもらう**方法もあります。

14 議員から飲みに誘われたとき

× 行けません

→

○ 割り勘でお願いします

ここがポイント！

インフォーマルな場で、さまざまな話を聞けるのは大事な機会なので、すぐには断らない。

管理職になると、議員から飲みに誘われることがあります。これを**杓子定規に「行けません」と断ってしまうのは、今後の議員との関係を考えると疑問**です（本音は、「行きません」かもしれませんが……）。

「この議員と、長く話し続けるのは、少し苦痛だな」と思わないのであれば、一度くらいは経験してもよいでしょう。もちろん、そうした場合、「割り勘でお願いします」と伝えておくことは言うまでもありません。実際に、インフォーマルな場で、さまざまな話を聞ける機会であり、議員個人の人柄はもちろん、議員という人たちが日頃考えていることや、行政に対する見方などがわかり、勉強になる面も多いのです（もちろん、他の議員の悪口、首長に対する不満などもありますが、それはそれで学ぶべき内容ともいえます）。

こうした管理職と議員との関係は、自治体によってそれぞれの文化があるため、一概に「〇〇だ」とは言えませんが、定期的に懇親会を設けているような自治体もあるようです。

ちなみに、これまでの経験では、議員個人と二人で飲みに行くこともありましたが、会派に呼ばれ、複数の管理職で飲み会に行ったこともあります。また、新しく管理職になった人を集めて、積極的に懇親を図ろうとする会派やグループもあります。

「議員だから」と構える必要はないのですが、**あまりに気持ちが緩んで飲みすぎてしまい、記憶を失っては、元も子もありません**ので、ご注意ください（自戒を込めて……）。

15

議員が自分の話ばかりするとき

×

もう勘弁してください

○

役人には思いつかない発想です

ここがポイント！

話の中には、自治体職員では思いつかない発想もある。

議員には、話好きな人が多い印象があります。議員はたくさんの支持者を得るために、いろいろな場で話す機会がありますが、それを苦と思っては、やはり議員は務まらないのでしょう。

このため、議員に呼ばれて、質問された事業の説明が終わっても、「ところで、あの件はどうなっているの？」「最近、〇〇が話題になっているようだけど、市としてはこれからどうしていくつもり？」など、いろいろと話題を持ち出され、つい長話になってしまうことが少なくありません。

話好きの議員の中でも、一番困るのは、延々と自分の話ばかりする人です。

「自分はこれまで、〇〇をやってきた」とか「あの地域に△△センターができたのは、自分が地道に活動したからだ」とか、さらに「俺は△△や◇◇を知っている！」という有名人の知り合いアピール大会が始まったりすることもあります。今でいうと**「マウントを取る」もしくは「マウンティング」**ということでしょうか。

そんな話が延々と続くと、正直「もう勘弁してください」という気持ちになりますが、それを言ってしまうのは、さすがにNGです。そこは、やはり管理職として大人の対応が求められます。

こうした話は、**単なる自慢話である側面の一方、ときに自治体職員では思いつかない発想もあります。**そんなとき、「役人には思いつかない発想です」と返すことも一つの方法です。

しかし、その一言がきっかけで、さらに話が長くなってしまうかもしれませんので、使用の際は自己責任でお願いします。

16

事情を理解してほしいとき

×

納得してください

←

○

こちらにも、いろいろ事情がありまして……

ここがポイント！

可能な範囲で行政側の事情を伝えて、議員に理解してもらう。

個別の議員に対して、事情を説明して理解を求めることがあります。

例えば、自分の課の職員が窓口で間違った説明をしてしまい、本来できるはずの申請を受け付けずに、住民を帰してしまったとします。すると、その住民がその件を議員に相談し、その後、議員から担当課長が呼び出され、課長が確認したところ、確かに職員のミスだったことが判明。そこで、議員が怒ってしまい、課長として謝罪することになった――。こんな場合です。

部下の職員も人間ですから、間違って説明してしまうことはあるでしょう。また、もし、その職員がいわゆるトラブルメーカーのような存在で、実は課長としても手を焼いているような場合もあります。こうした背景があると、つい「納得してください」と言ってしまいがちですが、いくらそうした事情があるからとしても、この言い方は押しつけがましい感じが出てしまいます。

まずは、理解してほしい内容を説明しましょう。**「こちらにも、いろいろ事情がありまして……」と、さまざまな要因や背景があることを示唆して、理解を求めます。**

議員からすれば「納得できない」と突っぱねることも可能なのですが、突っぱねるだけのメリットがあるのかも当然計算しています。議員生活が長ければ長いほど、議員はあまり些細なことにはこだわらなくなります（そうでない議員もいますが……）。

なお、この「事情」の中身は、可能な範囲で伝えたほうがよいでしょう。「事情」の中身を聞いて、「それなら、余計に問題だ！」と逆に火がついてしまうかもしれませんので……。

17 どうしても議員の理解が得られないとき

×

なぜ理解してくれないのですか

←

○

ご理解いただけなくて、残念です

ここがポイント！

議員がどうしても納得しない場合は、次の対策を考えるしかない。

前項に関連しますが、「それでは納得できない」と、どうしても議員が納得せず、理解してもらえない場合があります。こうした場合の対応について、考えてみます。

例えば、職員のミスがある場合です。行政に非があり、確かに謝罪しなければならないのですが、どうしても理解してもらえないならば、これ以上の対応はできません。

この場合、今後の展開として考えられるのは、住民への直接の謝罪はもちろんですが、議員としては本会議や委員会の場で質問して追及するということになります。ただ、こうした追及があったとしても、**「職員への指導を徹底します」「再発防止に向けて努めてまいります」などの答弁でしのぐ**しかありません。

また、「❾無理な要求をされたとき」(136頁)のように、議員が地域エゴをゴリ押ししてくるような場合で、やはりどうしても理解してもらえないときがあります。この場合、言い方は悪いのですが、議員に非があります。十分な説明を行い、それでも理解してもらえなければ席を立つしかありません(もちろん、部長にも同席してもらい、再度説得を試みる方法も考えられます)。

なお、**いずれの場合であっても、「なぜ理解してくれないのですか」と、感情的になってはいけません。**それでは、「その言い方はなんだ!」と火に油を注ぐことになりかねず、事態をさらに悪化させる可能性があるからです。このため、「ご理解いただけなくて、残念です」と言って、その場を離れて、次の対策を考えるしかありません。

18 議員がパワハラ（セクハラ）をしてくるとき

×
やめてください

←

○
それはパワハラ（セクハラ）ではありませんか

ここがポイント！

感情的になって「やめてください」では、かえってエスカレートしてしまう可能性もある。

現在、パワハラやセクハラについては、議員の意識も高まっています。もし、住民に対してそのようなことをしたら、噂が広まり、落選してしまいますので、当然注意を払っています。

しかし、マスコミ報道にもありますが、職員である管理職に対しては、やや気持ちが緩んでしまい、そうした行為をしてしまうこともあるようです。例えば、セクハラであれば、お酒の席で女性職員の手を握る、「課長は、まだ独身なの」と聞く、「お茶は女性に入れてほしいな」と公言するなど、セクハラが疑われる行為は、残念ながら今でも耳にします。

これに対して、パワハラというのは、あまり聞かなくなりました。かつて、ベテランの長老議員が、職員の前で「お前、俺の言うことが聞けないのか」と、ある課長を罵倒しているのを見たことがあります。議会を代表する有力者だったので、上層部もその議員を抑えることができず、結局、その課長は左遷されました。このような露骨なことは今はありませんが、議会の応接室などの密室では、「こんなことでは、地元に説明できない。どうしてくれるんだ」と怒鳴ったり、机を叩いたりするようなことはあるようです。

こうした場合、「やめてください」と感情的になってしまうと、かえってエスカレートする可能性があります。**頭にきていても冷静に、「それはパワハラ（セクハラ）ではありませんか」と伝えたほうが、議員も気がつくはず**です。ちなみに、こうした事態に備えて、ポイスレコーダーを携帯している管理職がいるとか、いないとか……。

19

他の管理職に対する苦情を聞かされたとき

×

すみません

↓

○

お気持ち、お察しします

ここがポイント！

議員の言っていることが本当なのかわからないので、まずは議員を気遣う。

議員から、「あの課長、何とかならないの？」と、他の管理職に対する苦情を聞かされることがあります。

例えば、「委員会で質問しても『できません』『困難です』など、拒絶する冷たい答弁ばかりで、対応が杓子定規で困ってしまう」「再開発に関する業者との進捗状況を全く報告してくれないし、聞いても通り一遍のことしか教えてくれない」「相談を受けた住民に丁寧に説明してほしいと言ったのに、いくら待っても説明に行ってくれない」などの声を実際に聞いたことがあります。

議員の中には、「行政側で何とかしてくれよ」という気持ちも含まれているかもしれません。

このような苦情を聞かされると「すみません」と言ってしまいがちですが、それが事実なのかわからないため、まずは「お気持ち、お察しします」と議員を気遣う発言のほうが妥当です。

ちなみに、大事なのはこの後の対応です。**「私の方から、何となくその課長に伝えておきましょうか」「部長に話しておきますか」など、議員が何をしてほしいのかを確認しておくことが必要**です。「では、頼むよ」ということもあるでしょうし、「言わなくていいよ。どうせ無駄だから」ということもありますので、意向の確認はやはり必要でしょう。

なお、管理職から見ても、「あの課長は、問題あるよな」と思ってしまう人がいることもあるでしょう。しかし、たとえそうであっても、基本的には、管理職はまとまって全庁一丸となって取り組むことが求められます。同じ管理職としてはつらいところですが……。

20 他の議員に対する苦情を聞かされたとき

×
それはひどいですね

○
そんなことがあるのですね

ここがポイント！

同意するのでなく、受け流す。

議員同士の関係は、微妙なようです。私が、複数の議員から聞いたことで、「そんなことあるのか！」と驚いたことには、次のようなものがあります。

①同じ会派でも一枚岩ではなく、それぞれの地盤が明確でないこともあり、同じ会派内でも選挙では地域の奪い合いになるときがある、②議長や委員長などのポストの決定には駆け引きがあり、議員間の貸し借りが発生する（義理人情や浪花節が意外に重要）、③「あいつだけは許せない」と、個人的な好き嫌いで会派が結成されることがある、④会派が別だからといって、仲が悪いとは限らず、与党会派のAと野党会派のBが飲み仲間ということも珍しくない、⑤与党会派の議員でも、本当は首長が大嫌いな場合もあるなどです（他にもいろいろあるのですが、自粛します）。

このようなことがあるため、「○○議員は、ひどい奴だ」などの苦情（悪口？）を議員から直接聞くこともあります。そんなとき、**「それはひどいですね」と言ってしまうと、さも「同意した」かのようにとられてしまうので、「そんなこともあるのですね」と、受け流しておくのが無難**です。

ちなみに、管理職経験が長くなると、こうした議員の人間関係などについても把握しておくことが、いかに大事かがわかります。それは、議会に何か相談する際に、どの議員に話すべきか、どの順番で議員に説明するかなどに影響するからです。

これは、議員の役職、所属会派、議員歴とは別で、議会の人間関係などに基づくことがあるのです。

●著者紹介

森下 寿（もりした・ひさし／筆名）

基礎自治体の管理職（部長）。
これまで企画、人事、財政といった内部管理部門から、保育、防災、福祉などの事業部門まで幅広い部署を経験。議会事務局職員の経験もあり、管理職としても10年以上に渡り、本会議・委員会で議会答弁を行ってきたベテラン職員。著書に『どんな場面も切り抜ける！　公務員の議会答弁術』（学陽書房）がある。

公務員の議会答弁言いかえフレーズ

2021年10月26日　初版発行
2024年10月15日　6刷発行

著　者　森下《もりした》 寿《ひさし》
発行者　佐久間重嘉
発行所　学 陽 書 房
〒102-0072　東京都千代田区飯田橋1-9-3
営業部／電話　03-3261-1111　FAX　03-5211-3300
編集部／電話　03-3261-1112
http://www.gakuyo.co.jp/

ブックデザイン／LIKE A DESIGN（渡邉雄哉）
DTP制作・印刷／加藤文明社
製本／東京美術紙工

ISBN 978-4-313-18065-9 C2031